평 신 도 제 자 훈 련 교 재

교회를
세우는
사역

평신도 제자훈련교재

교회를 세우는 사역

평신도 사역자의 사명

발행일 : 초판 1쇄 인쇄 2009년 11월 2일
　　　　　개정판 1쇄 인쇄 2015년 3월 5일
발행인 : 김진호
편집인 : 유윤종
책임편집 : 강신덕
기획/편집 : 전영욱, 강영아
디자인/일러스트 : 권미경, 오인표
홍보/마케팅 : 강형규, 박지훈
행정지원 : 조미정, 박주영

펴낸곳 : 도서출판 사랑마루
　　　　　 서울시 강남구 테헤란로 64길 17(대치동)
대표전화 : TEL (02) 3459-1051~2/ FAX (02) 3459-1070
홈페이지 : http://www.eholynet.org, http://www.ibcm.kr
등록 : 2011년 1월 17일 등록번호/ 제2011-000013호
값은 뒤 표지에 있습니다. 잘못된 책은 구입하신 곳에서 교환해 드립니다.
ISBN : 979-11-86124-09-3
ISBN : 979-11-86124-02-4(세트)

4

평 신 도 제 자 훈 련 교 재

인도자용

평신도 사역자의 사명

목차 Contents

발간사   7

일러두기   8

4권 평신도 사역자의 사명

제10단원 사역자는 복음을 선포합니다

37과 영혼을 향한 하나님 아버지의 마음   12

38과 복음의 핵심   24

39과 전도자의 기본자세   36

40과 전도의 방법   52

제11단원 사역자는 세상에서 봉사합니다

41과 세상을 변화시키는 경건의 능력   68

42과 세상의 소금과 빛   84

43과 이웃을 섬기는 삶   102

44과 지역사회를 위한 교회의 10대 과제   118

제12단원 사역자는 예비 사역자를 후원합니다

45과 온 천하와 바꿀 수 없는 한 생명   140

46과 후원자의 마음   154

47과 예비 사역자 후원하기   172

48과 소그룹 인도를 위한 워크숍   188

교육과정개발: 이형로 박진숙

교재집필: 김대조 김대식 김덕주 박진숙 여성삼

        이준성 강종철 이형로 장원순 이동아

공동집필: 이시호 정현숙 정영호

개정집필: 김진영

평신도 제자훈련교재

1권	제1단원 나는 평신도 사역자입니다. 제2단원 사역자는 헌신합니다. 제3단원 사역자는 청지기입니다.
2권	제4단원 사역자는 받은 은사를 통해 일합니다. 제5단원 사역자는 말씀을 잘 알아야 합니다. 제6단원 사역자는 이단을 경계해야 합니다.
3권	제7단원 사역자는 영적으로 깨어있는 자입니다. 제8단원 사역자는 균형 있는 교회생활을 합니다. 제9단원 사역자는 중보기도자입니다.
4권	**제10단원 사역자는 복음을 선포합니다.** **제11단원 사역자는 세상에서 봉사합니다.** **제12단원 사역자는 예비 사역자를 후원합니다.**

평신도를 예수님의 제자로

평신도는 단지 예배 참석자가 아닙니다. 평신도는 목회의 동역자입니다. 평신도는 예수님의 제자로 세움을 입어서 주님의 명령(마 28:18-20)대로 살아가는 사명을 감당해야 합니다. 평신도들이 사역의 주체가 될 때, 주님의 아름다운 교회가 세워지고 하나님의 나라가 확장될 것입니다.

교단창립 100주년 교육사업의 일환으로 성결교회 평신도 제자화 교육과정을 개발하고 4종류의 교재를 만들었습니다. 바로 '새신자교재→세례교재→양육교재→제자훈련교재'입니다. 이 교재는 교회에 처음 나온 새신자도 반드시 사역자로 양성하겠다는 의지가 담겨있는 시리즈 교재입니다. 이 교재에 담겨있는 핵심 키워드는 '구원→믿음→생활→사역'입니다.

성결교회의 모든 신자들은 하나님의 은혜로 구원받아 온전한 믿음을 가지고 삶이 변화되어 주님의 사역자로 세움을 입어야 합니다. 교회에서는 새신자들이 언제든지 새신자교육과 세례교육을 받아서 온전한 신앙을 형성할 수 있도록 도와야 합니다. 그리고 양육과 사역교재를 통하여 평신도 사역자를 키워야 합니다. 만약 신앙연수가 오래되었는데 신앙이 성숙치 못한 신자가 있다면, 양육교재와 사역교재를 통하여 건강한 사역자로 세울 수 있을 것입니다.

성결교회의 새로운 100년을 맞이하여 목회현장에 실제적으로 도움이 될 교재가 개발된 것은 참으로 기쁘고 감사한 일입니다. 앞으로 평신도들이 주님의 몸 된 교회의 주체가 되고, 역사의 책임 있는 존재가 될 수 있도록 돕는 교재들이 지속적으로 개발될 것입니다. 주님의 아름다운 비전을 꿈꾸며 새 역사의 주인공이 됩시다.

기독교대한성결교회 총무 김진호 목사

사역훈련 교재의 특징

① 본 사역훈련 교재는 성도를 사역자로 세우기 위한 교재입니다.

통계상으로 우리 나라에는 850만 명이 넘는 기독교인이 있습니다(2005년 인구센서스 결과). 그런데 그 많은 기독교인 중에서 주일에 예배를 드리는 것 이외에, 진지하게 성경을 공부하고, 교회를 섬기며, 예수님의 가르침대로 세상의 소금과 빛으로 살아가고자 하는 사람들은 얼마나 될까요? 주님은 우리를 자녀로 삼으시고 제자로 부르셨습니다. 하나님의 일을 위한 구경꾼이 아닌, 선수로 부르신 것입니다. 본 사역훈련 교재는 단순한 성경공부 교재가 아니라 예배만 드리던 신앙인을 교회와 사람, 그리고 하나님을 섬기는 일 하는 사역자로 세우기 위한 훈련 교재입니다.

② 본 사역훈련 교재는 지식을 쌓기 위한 교재라기보다는 실천을 위한 훈련 매뉴얼입니다.

살아 있고 능력이 있는 하나님의 말씀(히 4:12)은 많이 아는 것도 중요하지만 우리의 삶 속에서 실천될 때 더 큰 의미를 갖습니다. 사역훈련 교재는 성경을 탐구하는 과정을 담고 있지만 성경에 대해서 아는 차원을 넘어서 말씀대로 살아가는 신앙인을 세우기 위한 훈련 매뉴얼입니다. 따라서 교재의 대부분이 일상생활에서 겪을 만한 상황이나 생각해 보아야 할 만한 주제와 내용을 담고 있습니다. 모임의 참가자들은 각 주제에 따라 함께 고민하고, 결단하고, 실천하는 삶을 연습하게 됩니다. 사역훈련 과정은 어느 정도의 양육을 통해서 건강하게 신앙생활을 하고 있는 성도가 한 단계 더 성장하여 목회자를 도와 목회자의 동역자로서 하나님께서 허락하신 사역의 한 부분을 감당할 수 있도록 성숙케 하는 데 그 목적이 있습니다. 이 교재를 잘 마치면 각 개인의 신앙에도 유익하겠지만, 교회적으로 볼 때 구역장이나 강사 혹은 교회의 각 리더(지도자) 등의 역할을 맡겨도 될 정도의 훈련이 이루어질 것입니다.

③ 본 사역교재의 교육과정은 성결교회의 신학을 바탕으로 합니다.

본 교재는 교단의 사중복음인 중생, 성결, 신유, 재림을 '성결교회 신학연구회'가 이 시대의 언어로 표현한 '생명', '사랑', '회복', '공의'의 신학적 설명을 그 범위로 하고 있습니다. 그래서 개인적 영혼 구원과 개인적 삶에 있어서의 성결을 넘어서서 사회의 보편 가치들에 대한 복음적 시각을 갖는 데까지 교육의 목표와 장(場)을 확대하였습니다. 성결교인이 그러한 신앙의 바탕 안에서 교회에서의 사역과 세상에서의 소금과 빛으로서의 역할을 하도록 돕는 것이 이 교재의 목적입니다. 따라서 이 교재는 생활의 모든 영역인 개인의 구체적인 문제는 물론이고 사회적, 문화적, 윤리적, 정치적, 생태적 차원까지 언급하고 있습니다.

④ 사역훈련 교재는 가르치고 배우는 교재가 아니라 서로 논의하는 장(場)입니다.

사역훈련 과정을 이끄는 인도자라면 단지 지식을 가르치려고만 하는 것은 바람직하지 않습니다. 물론 이 과정을 잘 인도하기 위해서 본 교재의 각 과가 이루고자 하는 목표와 그에 따른 내용들을 철저하고 꼼꼼하게 준비해야겠지만 기본적으로 학습자가 주어진 주제에 대해서 스스로 깨달을 수 있도록 인도하는 것이 바람직합니다. 또한 인도자가 준비하고 얻은 답뿐만 아니라 인도자와 학습자간에 나눔을 통해서 서로 은혜가 더욱 풍성해질 수 있도록 학습자를 배려해야 합니다.

4권, 각 권당 12과씩, 총 48개의 주제가 적지 않은 양이긴 하지만, 이것이 사역자로서 알고 새겨두어야 하는 모든 내용이 될 수도 없습니다. 하지만 이 48개의 주제를 다루며 배우고, 생각하고, 느끼고, 결단하고, 실천하는 과정을 통해서 한 단계 더 성숙된 평신도 지도자로 나아가는 데에 큰 도움이 될 것입니다. 본 교재를 바탕으로 모든 성도들이 교회뿐만 아니라 가정과 사회에서 주체적 존재가 되고, 성결교회의 교인으로서, 또한 그리스도의 제자로서 확고한 정체성을 가지며, 마침내 이 땅 위에서 하나님의 뜻대로 살아가고 하나님의 나라를 이루어 내는 하나님의 사람으로 거듭나게 되기를 바랍니다.

10단원
사역자는 복음을 선포합니다

단원 설명

　10단원은 사역자로 하여금 자신의 사명이 복음을 선포하는 일임을 알게 한다. 복음을 선포하는 일은 예수님께서 이 땅을 살아가는 믿는 자들에게 주신 가장 큰 명령이요, 사명이다. 사역자에게 있어서 이 사명은 가장 선교적인 실천으로, 이를 통해 교회를 세우는 일에 동역할 수 있다. 이와 관련하여 사역자가 한 사람을 대하는 마음은 하나님께서 한 영혼을 대하는 마음과 같아야 한다. 경쟁과 약육강식의 세대 속에서 이 마음은 역설적으로 보일 테지만, 이는 좌우를 분변하지 못하는 성읍 '니느웨' 백성들을 향해 망해버렸으면 하고 바랐던 요나의 마음과 달리 "내가 어찌 아끼지 아니하겠느냐?" 하시는 아버지 하나님의 심정인 것이다. 사역자는 이런 마음을 가지고 모든 이들에게 '복음'이신 예수 그리스도를 증거해야 하는 것이다. 복음은 곧, 하나님은 사랑이시기에 죄로 인해 죽을 수밖에 없는 우리에게 독생자 예수 그리스도를 이 땅에 보내시어 우리 대신 죽으시고 다시 살아나셔서 하늘에 오르시며 우리를 위해 이 땅에 다시 오시겠다는 그 약속을 믿음으로 하나님의 자녀가 되고, 그리고 하나님 나라에 대한 소망을 가지고 살아갈 수 있도록 허락하신 은혜다. 이 복음을 전하는 일에 있어서 사역자는 이는 주님께서 명하신 일로, 항상 힘써 전할 수 있도록 하며, 인내심을 가지고, 양육자의 심정으로 매사 모범을 보이는 가운데 때로는 이를 위해 고난을 당할 수 있다는 사실을 받아들일 수 있어야 한다. 이 일에는 성령님께서 함께하신다. 그러므로 사역자가 복음을 전함에 있어서 성령의 나타나심과 그 능력에 의지하여 하되 사람의 지혜와 말의 기술이 아니라 오직 복음이신 예수 그리스도를 충실하게 전하는 일에 온 마음을 쏟을 수 있어야 한다. 그것이 바로 하나님께서 한 영혼을 향해 품으시는 마음이다.

37

영혼을 향한
하나님 아버지의 마음

배울말씀 요나 4장 1-11절

도울말씀 눅 15:7; 11-32, 막 10:45, 행 20:24

새길말씀 하물며 이 큰 성읍 니느웨에는 좌우를 분변하지 못하는 자가 십이만여 명이요 가축도
많이 있나니 내가 어찌 아끼지 아니하겠느냐 하시니라 (욘 4:11)

이룰 목표

① 영혼을 사랑하시는 하나님의 마음을 묵상한다.

② 영혼을 사랑하시는 하나님의 마음으로 영혼을 사랑해야 함을 깨닫는다.

③ 하나님의 마음으로 영혼에게 다가서는 삶을 실천한다.

교육흐름표

| O.T. | 관심 | 탐구 | 관점 | 실천 |
| 10 min | 10 min | 20 min | 10 min | 15 min |

교육진행표

구분	오리엔테이션	관심갖기	탐구하기	관점바꾸기	실천하기
제목		아버지가 정말로 원하신 것	니느웨를 향한 하나님 아버지의 마음	아버지 당신의 마음이 있는 곳에	나의 니느웨는?
내용	환영 및 단원 개요 설명	아버지의 마음	하나님의 사랑	아버지의 마음 알기	전도대상자 확인하기
방법	강의	생각 나누기	성경 찾아 답하기	찬양하기 및 생각 나누기	관계 살펴보기
준비물	출석부		성경책		
시간(65분)	10분	10분	20분	10분	15분

평신도 제자훈련교재

12 평신도 제자훈련교재

　평신도 사역자들이 복음을 선포함에 있어서 우선적으로 필요한 것은 영혼을 향한 하나님의 마음이 어떠한지 이해하는 일이다. 왜냐하면 이것이 결국 구체적으로 사역자가 전도를 시작하는 동기요, 지속적으로 전도를 위해 헌신하는 힘이 되기 때문이다. 우리의 영혼 사랑, 영혼을 향한 목마름의 출발은 사역자 자신에게서가 아니라 아버지 하나님의 마음에서 시작되어야 한다.

　때는 BC 760년 경, 하나님은 요나에게 앗수르의 수도 니느웨에 심판을 외치라고 명령하셨다. 그러나 요나는 니느웨 사람들이 회개하여 하나님의 심판을 면하는 것을 원치 않았다. 그래서 하나님의 명령을 거역하고 니느웨의 정반대 방향인 다시스로 가는 배를 탔다가 풍랑을 만나 바다에 던져지게 된다. 마침내 요나는 큰 물고기 뱃속에서 회개를 하고 니느웨로 가서 하나님의 심판을 외치게 된다. 그러자 놀랍게도 단 하루밖에 메시지를 전파하지 않았음에도 불구하고, 왕에서부터 거민까지 모두 회개를 한다. 이에 하나님께서 니느웨에 대한 심판의 뜻을 돌이켜 구원을 베푸셨다. 요나는 이스라엘의 대적이자 이방인인 니느웨 거민들이 멸망할 것을 기대했는데 뜻밖에도 그들이 회개함으로 구원을 받자 극히 못마땅히 여겨 불평을 한다. 이러한 요나에게 하나님은 그가 자신이 좋아하던 박넝쿨이 말라 죽어버린 것을 보고 안타까워하고 있을 때 "네가 하루 났다가 시들어지는 박넝쿨도 그렇게 아끼거든 내가 이 큰 성 니느웨의 12만명을 아끼지 않겠느냐."라고 하나님의 마음을 말씀하시며 요나를 일깨워 주셨다.

　구약성경의 대부분은 이스라엘 백성들과 직접적으로 관련된 역사와 하나님의 말씀을 기록하고 있다. 그러나 요나서는 특이하게 하나님이 이방인에 대해 가지고 계신 마음과 구원 계획에 대해 집중적으로 보여준다. 즉 요나서는 당시 이방인의 대표격이라 할 수 있는 앗수르의 수도 니느웨 거민들이 요나 선지자를 통하여 심판의 메시지를 듣고 회개하여 구원받은 사건을 보여

줌으로써, 하나님은 근본적으로 선민 이스라엘뿐만 아니라 세계 모든 만민들을 사랑하시며 그들에 대해 구원계획을 가지고 계신다는 것을 보여주고 있다.

우리는 요나처럼 자신의 편견과 아집 때문에 하나님의 사랑과 구원의 복음을 전파하기를 꺼려한 적은 없는가? 이기심 때문에 이웃에게 아무런 사랑과 관용을 베풀지 못하고 나아가 하나님이 원하시는 바 한 영혼이라도 더 구원하기 위하여 복음을 전하는 일을 외면하고 있지는 않은지 돌아보아야 한다. 따라서 본 과에서는 평신도들이 전도자로 헌신하는 데 있어서 전도를 해야 하는 이유를 자신이 아닌 하나님 아버지의 마음에서 시작해야 한다는 점을 공감하도록 돕는다.

평신도제자훈련교재
관심갖기　　　　　　　**아버지가 정말로 원하신 것**

다음 글은 신약성서 탕자의 비유를 각색한 것입니다. 읽고 주어진 질문에 답해 봅시다.

> 아버지는 매일 동구 밖으로 나가 집 떠난 작은아들이 돌아오는지를 살폈다. 타들어 가는 속. 누가 그 마음을 알랴. 하루가 천 년 같이 길고 긴 나날들이었다. 그러다 갑자기 작은아들이 돌아왔다. 거지처럼 된 아들이었다. 와락 껴안고 입을 맞추었다. "아이구, 내 새끼……."를 반복하는 아버지의 눈에서 하염없이 눈물이 흘렀다. 아버지가 종들에게 말했다. "살진 송아지를 잡아라. 우리가 함께 먹고 즐기자. 내 아들이 죽었다가 다시 살아났다. 잃어버린 내 아들을 다시 찾았단 말이다."
>
> 큰아들도 동생이 돌아왔다는 소식에 안도의 한숨을 내쉬었다. 사실 동생도 동생이지만 노심초사하시는 아버지가 더 걱정됐었다. 그런데 일을 마치고 집에 돌아왔을 때 집에서 열린 '동생 환영 파티'를 보고 마음이 언짢아졌

다. 마중 나온 종이 "아우님이 돌아오셨습니다. 그래서 주인 어른께서 살진 송아지를 잡았습니다."라고 말했다. 화가 났다. '아니, 동생이 뭘 잘했다고. 저 망나니 때문에 얼마나 우리 집안이 마음고생을 했는가. 그런데 저 놈을 위해 저렇게 큰 잔치를 베풀다니 말이 되는가.' 큰아들의 마음속에 아버지에 대한 원망이 생겼다. '나는 수년 동안 헌신적으로 아버지를 섬겨오지 않았는가. 한 번도 아버지의 명을 어긴 적이 없는데 아버지는 염소 새끼 한 마리도 주신 적이 없지 않은가.'

큰아들은 아버지께 달려가 따져 물었다. "아버지, 너무 심하신 것 아니어요? 동생이 집을 나간 지난 시절 저는 정말 뼈 빠지게 일했습니다. 논과 밭을 일궜고 가축을 돌보았습니다. 덕분에 집도 더 늘릴 수 있었습니다. 그런데도 아버지는 제게는 별다른 칭찬을 하지 않으시고 저 망나니 동생을 위해서는 살진 송아지를 잡으셨습니다. 이게 가당한 일입니까?"

지그시 눈을 감고 큰아들의 이야기를 듣고 있던 아버지가 나즈막이 입을 열었다. "아들아, 사랑하는 아들아, 네 수고를 내가 왜 모르겠느냐. 네가 대견스러웠다. 그런데 너는 내 마음을 잘 모르는 것 같구나. 사실 나는 네가 모든 것을 제쳐놓고 잃어버린 네 동생을 찾아오기를 마음 깊이 바랐었다. 집을 늘리고 맛있는 것을 먹어봤자 네 동생이 없다면 무슨 소용이겠느냐? 우린 가족 아니냐."

그랬다. 아버지의 마음은 큰아들이 만사를 제쳐놓고 동생을 찾는 데 노력을 기울이기를 원했다. 아버지는 큰아들이 가족들로부터 떠나간 동생을 찾아 미친 사람처럼 헤매는 모습을 기대했다. 그러나 그 일은 생각하지도 않고 집안일만 열심히 하는 큰아들을 바라보면서 아버지의 마음은 새까맣게 타들어갔던 것이었다.

우리 하늘 아버지도 이처럼 애태우시고 계시지 않을까? "얘들아, 내가 정말로 원하는 것은 너희들이 나가서 잃어버린 영혼을 찾는 것이야. 물론 다른 일도 의미가 있지만 그것만큼 기쁘지 않아. 방황하는 동생들을 찾아서 내게 데려와 다오."라고 말씀하시고 계실지 모른다. 아버지의 마음을 헤아리자. 그분이 마음 깊이 기뻐하시는 일을 하자.

〈이태형 기자, 국민일보〉

이 이야기를 읽고 어떤 느낌이 들었습니까? 아들의 입장에서, 혹은 아버지의 입장에서 서로 이야기를 나누어 봅시다.

각자의 이야기를 자유롭게 들어본다.

학습자들이 돌아가면서 어떤 점을 느꼈는지, 혹시 자신도 큰아들처럼 생각했던 적은 없었는지 발표해 보도록 한다. 학습자들은 다음과 같은 생각을 이야기할 것이다. '아무리 착한 아들이라도 아버지의 마음을 다 헤아릴 수는 없다.', '큰아들 입장에서는 동생과 자신을 비교한 그 생각이 아버지의 마음을 헤아리지 못하게 한 장애물이 되었던 것 같다.', '가장 큰 효도는 아버지의 마음을 헤아려 드리는 것이다.' 등

평신도 제자 훈련 교재
탐구하기   니느웨를 향한 하나님 아버지의 마음

배울말씀인 요나서 4장 1-11절의 말씀을 함께 읽고 주어진 질문에 답해 봅시다.

1. 요나서에는 요나가 화를 내거나 성을 내는 장면이 두 번 나옵니다. 그런데 그 이유가 각각 달랐습니다. 주어진 본문을 찾아 그 이유를 적어봅시다.

- 첫 번째 이유(욘 3:10-4:4) : 하나님이 뜻을 돌이키셔서 니느웨를 심판하지 않으셨기 때문에

- 두 번째 이유(욘 4:5-9) : 자기가 그늘로 의지하던 박넝쿨이 시들어 버렸기 때문에

요나서 4장 1절은 이렇게 시작된다. "요나가 매우 싫어하고 성내며." 그리고 4장 전체 중 하나님께서 요나에게 "네가 성내는 것이 옳으냐"는 말씀을 4절과 9절에서 두

차례나 말씀하시는 것을 볼 수 있다. 즉 앞의 3장 10절부터 이어서 보면 요나가 첫 번째 화가 났던 까닭은 하나님이 니느웨에 재앙을 내리지 않았기 때문이었고, 두 번째로 화가 났던 까닭은 햇빛을 피할 수 있도록 그늘을 만들어 주던 박넝쿨이 시들어 버렸기 때문이었다. 하나님의 마음을 읽지 못한 요나는 니느웨에 대해서나 박 넝쿨에 대해서나 모든 것들이 심히 불평스럽고 화가 났다.

2. 본문말씀 속에서 요나가 아꼈던 것과 하나님께서 아끼셨던 것이 대조되고 있습니다. 무엇과 무엇입니까? 그리고 이것은 우리에게 어떤 깨달음을 줍니까?

• 요나가 아꼈던 것(6, 10절) : 박넝쿨

• 하나님이 아끼셨던 것(11절) : 니느웨의 십이만여 명의 사람들과 육축들

하나님은 우리의 생명을 사랑하셔서 그것을 살리시기 위해 힘을 쓰시는데, 우리는 그러한 하나님의 큰 뜻을 바라보지 못하고 내가 좋아하는 것과 싫어하는 것을 중심으로 하나님의 뜻을 어기려고 한다.

6절에 보면 "요나가 박 넝쿨로 말미암아 크게 기뻐하였더니" 하는 말씀이 나온다. 또 10절과 11절, 두 절을 비교해 보면 요나와 하나님께서 아꼈던 것이 서로 재미있게 대조되고 있다.
10절 – "여호와께서 이르시되 네가 수고도 아니하였고 재배도 아니하였고 하룻밤에 났다가 하룻밤에 말라버린 이 박넝쿨을 아꼈거든"
11절 – "하물며 이 큰 성읍 니느웨에는 좌우를 분변하지 못하는 자가 십이만여 명이요 가축도 많이 있나니 내가 어찌 아끼지 아니하겠느냐 하시니라 "

우리도 요나와 같은 판단을 내릴 때가 있다. 하나님은 죄인인 우리를 사랑하셔서 우리를 구원하시기 위해 독생자를 주시기까지 고통을 감내하셨는데, 우리는 우리

가 좋아하고 싫어하는 것을 판단기준으로 삼곤 한다. 우리들의 좁고 어리석은 시야 때문에 하나님의 큰 뜻을 깨닫지 못하거나 어기는 잘못을 범하는 것이다.

3. 요나는 소명을 받았지만 다시스로 도망가다가 바다에 던져졌고(1장), 물고기 뱃속에서 기도하여 겨우 육지로 보내진 후(2장), 다시 두 번째로 소명을 받고 니느웨에 왔습니다. 그런데 요나는 아직도 하나님께 온전히 순종하지 않았습니다. 그럼에도 하나님은 그런 요나를 어떻게 대하십니까? 불순종하고 하나님을 거역한 요나를 향해 하나님은 어떤 마음을 품으셨습니까? (9–11절)

인내와 자비를 가지고 박넝쿨을 통하여 요나를 깨우치시고 계신다. 하나님은 당신에게 불순종했다고 당장에 내치시는 것이 아니라, 다시 하나님의 사역자로 돌아오기를 기다리신다.

요나서의 하나님은 당신의 뜻을 어기며 저항하는 요나를 지속적으로 설득하고 깨우치게 하시는 분이시다. 영혼을 향한 사랑, 곧 하나님의 마음을 일깨우시는 하나님은 요나를 향해서도 인내와 친절을 잃지 않고 계신다. 니느웨(Nineveh)는 앗수르의 수도로, 티그리스강 상류 동쪽 연안에 위치해 있으며 요나가 활동했을 당시 인구는 약 60만 명 정도이었을 것으로 추측된다. 다시스(Tarshish)는 스페인 서남부의 지브랄탈 해안에 위치한 대도시로, 지중해 무역의 중심지다. 이스라엘을 중심으로 볼 때 니느웨와 정반대의 방향에 위치해 있다.

4. 하나님께서 이처럼 요나를 인내하시면서 일깨우시는 까닭은 무엇입니까?

요나는 선민의식과 적대적인 민족에 대한 배타심이 지나치게 커서 하나님의 크신 사랑을 온전히 이해할 수 없었다. 하나님은 이러한 요나에게 니느웨의 영혼들에 대한 사랑을 일깨우시고 그들도 구원코자 하시는 하나님의 뜻을 가르치시기를 원하셨다.

또한 하나님은 영혼을 향한 당신의 사랑을 가르치시려고 요나를 사랑으로 대하고 계신다. 이처럼 영혼을 향한 하나님의 열정은 그 무엇과도 비교할 수 없을 정도로 크다는 것을 알아야 한다. 지금 나에게도 하나님의 뜻을 깨닫지 못하고 내 고집대로만 하고자 하는 모습이 있을 수 있다. 그러나 하나님은 기다리시며 당신의 계획으로 우리를 인도하시는 데 인색치 않으시다.

평신도제자훈련교재

관점바꾸기   아버지 당신의 마음이 있는 곳에

오늘 배운 말씀을 생각하면서 아래의 찬양을 부른 후, 질문에 답해 봅시다.

하나님 아버지의 마음

영혼을 사랑하시는 하나님 아버지의 마음을 생각할 때, 그 동안 영혼을 대하던 나의 태도가 어떠했는지 생각해 봅시다. 우리는 어떤 것들에 대해서 회개해야 할 까요?

각자 자신의 생각을 이야기해 본다.

우리의 사랑이 아무리 크다고 해도 영혼을 사랑하시는 하나님의 사랑에 비할 수는 없다. 그럼에도 부족한 죄인인 우리를 사랑하시는 하나님 아버지의 마음을 본받아 우리 역시 영혼 사랑에 최선을 다해야 한다.
다음과 같은 내용들을 회개할 수 있을 것이다.

· 구원받지 못한 영혼들을 하나님의 마음으로 바라보지 못한 것을 회개합니다.
· 주님께 물어보는 데 불성실했으면서 주님 뜻이라고 위안을 삼았던 것을 후회합니다.
· 불순종하고 교만한 저를 인내하며 깨우쳐 가시는 주님을 찬양하고 감사합니다.
· 내 인생의 남은 시간에 주님의 뜻을 따라가는 것에 헌신하고자 합니다.

함께 읽어봅시다

• 예수님께서 오신 목적
"인자의 온 것은 섬김을 받으려 함이 아니라 도리어 섬기려 하고 자기 목숨을 많은 사람의 대속물로 주려 함이니라"(막 10:45)

• 사도 바울의 인생목적
"나의 달려갈 길과 주 예수께 받은 사명 곧 하나님의 은혜의 복음 증거하는 일을 마치려 함에는 나의 생명을 조금도 귀한 것으로 여기지 아니하노라"(행 20:24)

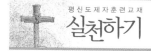

실천하기

나의 니느웨는?

오늘 나의 니느웨는 어디입니까? 하나님께서 요나가 니느웨로 가기 원하셨던 것처럼 내가 아버지의 마음을 가지고 가기 원하시는 곳은 어디입니까? 이제 내 삶의 여러 영역이나 관계들을 살펴보면서 그동안 내가 아버지의 마음으로 다가가지 못했지만 이제는 다가가야 할 영혼들을 찾아 적어 봅시다.

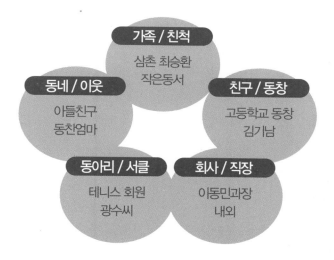

인도자는 학습자들이 그동안 자신이 내키지 않아 제외시켜 놓았던 사람들 혹은 전도대상자에게 아버지의 마음으로 다시 다가갈 것을 결단하도록 돕는다. 그들을 위해서 기도하면서 한 번 더 다가갔을 때 니느웨에서 일어났던 회개와 구원의 열매가 또 다시 맺혀질 것을 믿고 결심하도록 돕자. 전도자가 믿음 가운데 기도할 때이미 전도는 진행된 것이다. 되도록 구체적으로 대상의 이름을 쓰고 기도할 수 있도록 하자. 또한 가능하면 이번 주간에 그들에게 다가갈 수 있도록 격려하자.

새길말씀 외우기

하물며 이 큰 성읍 니느웨에는 좌우를 분변하지 못하는 자가 십이만여 명이요 가축도 많이 있나니 내가 어찌 아끼지 아니하겠느냐 하시니라 (욘 4:11)

다함께 드리는 기도

1. 오늘 배운 말씀과 내용을 생각하며 다함께 기도하는 시간을 갖도록 합시다.
2. 오늘 참석한 구성원들을 위해서 이름을 불러 가며 중보의 기도를 합시다.
3. 오늘 참석하지 못한 구성원이 있으면 그 사람을 위해 더욱 뜨거운 마음으로 기도합시다.
4. 한 주간의 삶을 통해서 오늘 배우고 익힌 내용들을 삶으로 살아갈 수 있도록 기도합시다.
5. 하나님의 은혜 가운데서 한 주를 살고, 다음 모임 시간에 모두가 모일 수 있도록 기도합시다.

*사역자로서 이 과를 마치고 난 느낌이나 소감, 다짐 등을 간단하게 말해 봅시다.

다음 모임을 위하여

1. 다음 주에 읽어야 할 성경말씀을 읽고 확인합시다.
2. 38과의 배울말씀인 요한복음 3장 16-21절을 읽고 묵상합시다.

평가하기

평가항목	세부사항	그렇다	그저 그렇다	아니다
인도자의 준비도	인도자는 본 과의 교육목적을 이룰 수 있도록 충분하게 준비했습니까?			
교육목표의 성취도	1. 학습자들은 자신의 잘못된 선입견과 고정관념을 버리고 순수한 마음으로 주님을 만날 준비가 되었습니까? 2. 학습자들이 예수에 대하여 지식적으로 아는 (know) 단계에서 체험적으로 아는(see) 단계로 발전하고자 결단하게 되었습니까?			
학습자의 참여도	학습자들이 진지하고 적극적인 태도로 성경공부에 임했습니까?			
성경공부의 분위기	성경공부를 하는 동안 학습자들이 편안한 분위기를 느낄 수 있었습니까?			
기타 보완할 점	기타 보완할 점이나 건의사항이 있습니까?			

성경 읽기표

읽을 범위		월 일 주일	월 일 월요일	월 일 화요일	월 일 수요일	월 일 목요일	월 일 금요일	월 일 토요일
	구약	주일은 설교말씀 묵상	렘 19~21장	렘 22~24장	렘 25~27장	렘 28~30장	렘 31~33장	렘 34~36장
	신약		벧전 3장	벧전 4장	벧전 5장	벧후 1장	벧후 2장	벧후 3장
확인								

38 복음의 핵심

평신도 제자훈련교재

배울말씀 요한복음 3장 16-21절

도울말씀 막 7:21-23, 눅 19:10, 요 1:9-11; 14:6, 롬 3:23; 5:8; 10:9-10, 히 9:27, 요일 5:11-13

새길말씀 하나님이 세상을 이처럼 사랑하사 독생자를 주셨으니 이는 그를 믿는 자마다 멸망하지 않고 영생을 얻게 하려 하심이라 하나님이 그 아들을 세상에 보내신 것은 세상을 심판하려 하심이 아니요 그로 말미암아 세상이 구원을 받게 하려 하심이라 (요 3:16-17)

이룰 목표

① 복음은 모든 이들을 위해 반드시 필요하다는 것을 깨닫는다.

② 복음의 주요 주제들을 말씀을 따라 순서대로 정리한다.

③ 복음의 핵심내용을 깨닫고 전한다.

교육흐름표

10 min	10 min	20 min	15 min	15 min
O.T.	관심	탐구	관점	실천

교육진행표

구분	오리엔테이션	관심갖기	탐구하기	관점바꾸기	실천하기
제목		복음이 필요한 사람들	복음의 7가지 핵심요소	복음의 7대 핵심요소	복음의 핵심
내용	환영 및 개요 설명	복음의 힘	복음의 내용	복음의 내용	복음의 내용
방법	강의	생각 나누기	성경 찾아 답하기	성경 찾아 답하기	복음증거 연습
준비물	출석부		성경책	성경책	
시간(70분)	10분	10분	20분	15분	15분

말씀과 주제이해

한 영혼이 예수 그리스도를 영접하고 구원을 확신하기 위해서는 복음이 절대적으로 필요하다. 단순히 교회를 다닌다는 사실이나 기독교에 대해 알고 있는 지식만으로는 구원의 감격과 소망을 누릴 수 없다. 따라서 그리스도인이라면, 또는 그리스도인이 되기 위해서는 반드시 복음의 진리를 만나는 경험을 해야 한다.

복음은 기쁜 소식(Good News)이다. 누구든지 죄를 회개하고 예수 그리스도를 믿으면 구원을 주시는 능력이 되기 때문이다(롬 1:16). 그러므로 사역자가 전도자로 쓰임받기 위해서는 복음의 핵심적인 내용을 알아야 하고 복음의 능력을 믿고 자신 있게 복음을 말할 수 있어야 한다. 왜냐하면 변화와 구원의 주체는 복음 자체가 가진 능력이고 전도자는 그 복음의 전달자일 뿐이기 때문이다.

복음의 핵심은 하나님의 아들이신 예수 그리스도시다. 하나님의 독생자인 예수 그리스도께서 인간의 형상을 입고 이 세상에 오셔서 인류의 죄를 위하여 죽으시고 사흘만에 부활하심으로 말미암아 만민의 구주가 되셨다는 사실이 바로 복음이다. 즉 '예수는 그리스도시다', '예수께서 구원자가 되신다'는 사실이 복음의 핵심이다. 그 주요 내용들이 사복음서와 사도들의 설교에 자세히 나타나있다.

이 과에서는 주어진 말씀 안에서 복음의 주요 핵심요소들을 정리하고 활용할 수 있도록 하는 데에 주안점을 둔다. 배울말씀 요한복음은 복음에 관한 가장 핵심적인 내용을 표현하고 있기 때문에 종교개혁자 루터는 '복음서들 속에 있는 복음(The Gospel of the gospels)', 혹은 '작은 복음서(the little Gospel)'라고 불렀다. 우리는 배울말씀 속에서 복음의 핵심적인 내용이 되는 주제들을 만날 수 있는데 하나님의 사랑, 독생자 예수 그리스도, 영생과 멸망(구원과 심판), 믿음과 불신, 죄와 악, 빛과 어두움, 진리 등이 그것이다. 따라서 본 과를 마친 후에 학습자들은 복음의 핵심적인 요소들을 일곱 가지로 정리하고 명확하게 인식해서 전도현장에서 보다 자신감을 가지고 복음의 핵심내용을 전할 수 있게 될 것이다.

 관심갖기   **복음이 필요한 사람들**

아래의 글을 읽고 주어진 질문에 답해 봅시다.

> 목사이기도 한 주명수 변호사는 공부도, 예수님을 만난 것도 다른 사람들보다 늦었지만 복음을 통해서 변화된 삶을 살고 있는 분입니다. 아래의 글은 주명수 변호사의 고백의 글입니다.
>
> 초등학교는 중퇴하고 중학교는 걸렀습니다. 그래도 겨우 고등학교에 진학했습니다. 대학에 들어가 법학을 전공하면서 형법을 공부하게 되었고, 범죄에 대해서도 공부했습니다. 그러나 그때까지 제 자신이 예수님의 용서가 필요한 죄인이라고는 생각하지 않았습니다. 1980년, 사법시험을 준비하면서 신앙을 가진 후배들을 알게 되었습니다. 이렇게 해서 저의 교회생활이 시작되었지만 예수님을 인격적으로 경험하기 전까지는 삶의 목표와 인생관이 여전히 옛날의 모습을 떠나지 못했습니다.
>
> 그런데 사법시험에 합격하고 사법연수원에 다닐 때였습니다. 하나님께서 저에게 큰 은혜를 베푸셨습니다. 바로 제가 죄인이라는 것을 알게 하시고 제가 개인적으로 부활이신 예수님을 만나게 하신 것입니다. 예수님을 개인적으로 만난 후에 제게 달라진 한 가지 변화가 있었다면 그것은 제 마음 가운데 있는 기쁨과 평강이었습니다. 저는 지금도 예수님을 인격적으로 만나게 된 그 순간을 제 인생에서 가장 축복받은 순간으로 여깁니다. 이보다 더 큰 축복은 제 인생에 없을 것입니다.
>
> 검사로 발령을 받아 지방에서 근무를 할 때도 기쁨으로 일했습니다. 전도도 열심히 했습니다. 피의자가 나에게 용서해 달라고 애원하면 "죄를 용서해 줄 수 있는 분을 소개해 드리지요." 하고 예수님을 전했습니다. 많은

사람들이 호기심으로만 들었지만 그 중에 하나님이 예비하신 사람도 있었습니다.

지금도 잊혀지지 않는 한 여죄수가 있습니다. 15년을 교도소에서 살아야 하는 여인이었습니다. 결손가정에서 성장한 불행한 여인이었습니다. 검사실에서 그녀를 보면서 참으로 불쌍하다는 생각이 들었습니다. 죄인으로 보이는 것이 아니라 복음이 필요한 사람으로 보였습니다. 조사를 마친 후 그녀에게 복음을 제시하였습니다. 놀랍게도 그녀는 제 복음 제시에 마음을 열고 예수님을 영접하였습니다. 제가 일주일에 30분씩 시간을 내어 주겠다고 하였습니다. 이렇게 해서 검사실에서 제자훈련이 시작되었습니다. 그녀는 죄수의 몸이었지만 예수님을 알고 참으로 기뻐하면서 신앙생활을 하였습니다. 얼마 후 그녀는 15년을 선고받고 다른 곳으로 옮겨가야 했습니다. 그날 아침 저는 교도소로 그녀를 찾아갔습니다. 비록 15년을 교도소에서 살겠지만 예수님 안에서 살면 그곳이 천국이 될 수 있다고 격려하였습니다. 그녀도 울고, 저도 울었습니다. 예수님이 그렇게 하신 겁니다.

주명수 변호사, '내 삶의 전환점', 「십대들의 쪽지 중에서」

주명수 변호사와 여죄수의 삶이 변화되었습니다. 무엇이 이렇게 사람을 변화시킬 수 있는 것일까요?

복음을 접하고 나서 주명수 변호사와 여죄수의 삶이 변화되었다. 복음은 모든 믿는 자에게 구원을 주시는 하나님의 능력이 되어 사람을 믿음에 이르게 할 수 있다 (롬 1:16-17).

주 변호사가 인생의 전환점을 갖게 된 것과 어느 여죄수가 예수님을 영접할 수 있었던 것은 복음을 접했기 때문이다. 복음에는 이처럼 사람을 변화시키는 힘이 있다. 성경 뿐만 아니라 교회의 이천 년 역사 속에 복음을 통해 변화된 사람들의 이야기가 가득차 있다. 복음은 하나님께서 예수 그리스도의 십자가와 부활을 통해 우리 인간을 죄와 죽음으로부터 구원하신다는 기쁜 소식(Good News)이다. 주명수 변호사는 고려대 법대를 졸업하고 사법시험에 합격하여 검사가 된 후에 하나님을 영접하고 목사 안수를 받았다. 현재(2009년) 법무법인 정현에 소속된 변호사이자 밝은교회의 담임목사다. 그리고 코스타(국제복음주의학생운동)의 '전문성과 영성'에 관한 인기 강사다. 저서로《할렐루야 변호사》,《시장터 영성》,《복음을 지켜라》,《기도해야 하나, 병원 가야 하나》가 있다.

평신도제자훈련교재
탐구하기   **복음의 7가지 핵심요소**

배울말씀인 요한복음 3장 16-21절을 읽고 주어진 질문에 답해 봅시다.

1. 하나님이 우리에게 독생자를 주셔서 믿는 자마다 멸망치 않고 영생의 선물을 받게 하신 것은 하나님의 어떤 성품 때문인가요? (16절)

   하나님의 사랑

   우리가 예수 그리스도를 통해서 구원 받을 수 있는 것은 하나님의 사랑 때문이다. 하나님의 사랑은 그분의 성품과 관련된 것이기 때문에 그 사랑을 받는 대상의 어떤 조건이나 상황이나 반응에 의존하지 않는다. 하나님의 사랑은 인간의 타락에도 불구하고 예수 그리스도를 이 땅에 보내주신 것을 통해 확증되었다.

2. 독자인 아들 예수 그리스도를 세상에 보내시고 생명을 주시기까지 하나님이 원하지 않으신 것과 원하신 일은 무엇인가요? (17절)

   • 원하지 않으신 것 : 세상을 심판하시는 것

• 원하신 것 : 세상이 구원을 받도록 하시는 것

사람은 죄를 범하였기 때문에 하나님의 심판을 받을 수밖에 없다(롬3:23-24). 그런데 하나님께서 우리 인간을 심판에 그냥 방치하지 않으셨다. 하나님께서 예수님을 보내신 것이 심판하기를 원치 않으시는 하나님의 마음을 나타내는 것이다. 가장 귀한 독생자의 생명을 주실 정도로 하나님은 세상을 구원하고자 원하신다. 그래서 죄로 말미암아 멸망 가운데 처한 사람들이 다시 살 수 있도록 예수 그리스도를 통하여 구원의 길을 열어 놓으셨다. 하나님은 예수 그리스도를 부르는 모든 믿는 자에게 구원을 주시는 하나님이시다(롬 10:12-13).

3. 심판 받을 사람과 구원 받을 사람을 구분하는 기준이 되는 것은 무엇입니까?
(18절)

하나님의 아들을 믿는 사람은 구원을 받고, 하나님의 아들을 믿지 않는 사람은 구원을 받지 못한다.

인간은 아담이 지은 원죄를 이어받았을 뿐만 아니라 자신이 지은 자범죄로 인하여 죄인이 되었기 때문에 심판을 받고 정죄에 처해질 운명을 지니고 있다. 그런 인간이 자기의 힘으로 심판을 피할 수 있는 방법은 없다. 유일하게 구원받을 수 있는 길은 우리를 구원하기 위해 오신 예수 그리스도를 믿는 것뿐이다. 그러므로 믿음은 심판과 구원을 구분 짓는 결정적인 요소다. "그러므로 우리가 믿음으로 의롭다 하심을 받았으니 우리 주 예수 그리스도로 말미암아 하나님과 화평을 누리자"(롬 5:1)

4. 사람들은 자기가 특별한 잘못을 저지른 것만 죄라고 생각합니다. 그런데 성경은 죄를 무엇이라고 표현하고 있습니까? 또 그 의미는 무엇일까요?
(19절, 참고 요 1:9-11)

'빛이 세상에 왔으되 사람들이 자기 행위가 악하므로 빛보다 어둠을 더 사랑한 것이 · 니라.' 빛이신 예수님께서 이 땅에 오셨음에도 불구하고 예수님을 그리스도로 알지 못하고 믿지도 않는 것이 죄이다. 곧 '믿음 없음'이 죄인 것이다.

"참 빛 곧 세상에 와서 각 사람에게 비추는 빛이 있었나니 그가 세상에 계셨으며 세상은 그로 말미암아 지은 바 되었으되 세상이 그를 알지 못하였고 자기 땅에 오매 자기 백성이 영접하지 아니하였으나"(요 1:9-11). 참 빛이신 예수 그리스도를 영접하지 않는 까닭은 세상을 더 사랑하기 때문이다. 그리고 그것은 곧 스스로 아직도 죄 가운데 머물러 있다는 것을 나타낸다.

5. 사람들이 빛보다 어둠을 사랑하는 이유는 무엇 때문입니까? (19-20절) 빈칸에 알맞은 말을 써봅시다.

   • 자기 행위가 (악하기) 때문에 그 악이 드러나는 것이 두려워서

어둠은 악을 조장한다. 사람들이 어둠 속에 거하고 빛으로 나오기 원치 않는 이유는 빛 가운데 있으면 악이 드러나기 때문이다. 세상에서 빛을 미워하고 오히려 빛으로 오신 예수 그리스도를 멀리하는 인간의 악한 성향은 그들의 존재가 '악한 자'이기 때문이며 자신의 악한 행위가 잘 드러나는 것을 꺼려하기 때문이라고 할 수 있다.

6. 우리는 어떻게 어둠에서 빛으로 나올 수 있습니까?(21절, 참고 요 14:6) 빈칸에 알맞은 말을 써봅시다.

   • 진리이신 (주님)을 좇음으로써

"예수께서 이르시되 내가 곧 길이요 진리요 생명이니 나로 말미암지 않고는 아버지께로 올 자가 없느니라"(요 14:6). 우리는 진리이신 예수님을 좇음으로서 빛으로

나올 수 있다. 진리를 좇는 사람들은 진리이신 예수님을 영접하고 예수님을 따르는 사람들이다. 그들은 하나님의 은혜로 거듭나서 진리의 말씀을 사모하고 그 말씀을 따라 살고자 애쓴다. 물론 때로는 연약해서 넘어지기도 한다. 그러나 진리를 좇아 다시 회개하고 빛 되신 하나님께로 다시 나오게 된다.

평신도 제자훈련 교재
관점바꾸기   복음의 7대 핵심요소

배울말씀인 요한복음 3장 16-21절에서 복음의 핵심 요소들을 발견할 수 있습니다. 이 요소들을 다른 성경구절을 통해 정리해 봅시다. 주어진 성경말씀을 확인하고 관련 있는 핵심요소와 성경구절을 줄로 연결해 봅시다.

히 9:27 한번 죽는 것은 사람에게 정하신 것이요 그 후에는 심판이 있으리니

롬 3:23 모든 사람이 죄를 범하였으매 하나님의 영광에 이르지 못하더니

롬 5:8 우리가 아직 죄인 되었을 때에 그리스도께서 우리를 위하여 죽으심으로 하나님께서 우리에 대한 자기의 사랑을 확증하셨느니라

요일 5:11-13 또 증거는 이것이니 하나님이 우리에게 영생을 주신 것과 이 생명이 그의 아들 안에 있는 그것이니라 아들이 있는 자에게는 생명이 있고 하나님의 아들이 없는 자에게는 생명이 없느니라 내가 하나님의 아들의 이름을 믿는 너희에게 이것을 쓰는 것은 너희로 하여금 너희에게 영생이 있음을 알게 하려 함이라

막 7:21-23 속에서 곧 사람의 마음에서 나오는 것은 악한 생각 곧 음란과 도둑질과 살인과 간음과 탐욕과 악독과 속임과 음탕과 질투와 비방과 교만과 우매함이니 이 모든 악한 것이 다 속에서 나와서 사람을 더럽게 하느니라

롬 10:9-10 네가 만일 네 입으로 예수를 주로 시인하며 또 하나님께서 그를 죽은
         자 가운데서 살리신 것을 네 마음에 믿으면 구원을 받으리라 사람이
         마음으로 믿어 의에 이르고 입으로 시인하여 구원에 이르느니라

눅 19:10 인자가 온 것은 잃어버린 자를 찾아 구원하려 함이니라

인간은 누구나 행복하게 살고 싶어 한다. 그래서 평생 동안 행복한 인생을 살기 위
해 수고하며 애쓴다. 그런데 어느 날 갑자기 찾아오는 죽음이 인간의 삶을 허무하
게 만들어 버린다. 죽음은 어느 누구도 피할 수 없는 것으로, 그 죽음 앞에서 절망
할 수밖에 없기 때문이다. 그런 인간에게 예수 그리스도를 통하여 가장 기쁜 소식,
즉 복음이 전해졌다. 우리는 복음전파자로서 이 복음을 분명하게 알고 또 증거할
수 있어야 한다.

성경은 우리에게 다양하게 복음을 소개하고 있다. 여기에 제시된 복음의 7가지 핵
심요소가 우리에게 익숙한 '하나님 사랑-죄-심판-예수 그리스도-구원'이라는
순서적 개념은 아니다. 물론 복음제시의 효율성을 감안할 때 논리적인 연결을 무
시할 수 없겠지만 여기에서 전개되는 7가지 핵심요소는 본문에 근거한 복음의 기
본적인 요소들이다. 즉 배울말씀의 순서를 따라 나가면서 정리된 요소들이다. 이러

한 7가지의 요소들을 숙지하고 있을 때 효과적으로 복음을 제시할 수 있을 것이다.

실천하기   복음의 핵심

오늘 공부한 복음의 일곱 가지 핵심요소를 두 사람씩 짝을 지어 서로 설명해 봅시다. 한 사람이 핵심요소를 불러주면 상대가 되는 사람이 그 내용을 이해한 대로 이야기해 봅시다.

사랑	하나님은 사랑이십니다. 하나님은 우리를 사랑하시기 때문에 독생자를 우리에게 보내 주셔서 우리가 영생을 얻기 원하십니다.
심판	사람이 한 번 죽는 것은 정해진 일이요 그 후에는 심판이 있습니다. 하나님께서 예수 그리스도를 보내주신 것은 우리를 심판하고자 하심이 아닙니다.
구원	하나님께서 우리에게 예수 그리스도를 보내주신 것은 우리가 구원을 받도록 하시기 위해서입니다.
믿음	그러므로 예수 그리스도를 믿으면 심판을 받지 않고 구원을 얻습니다.
죄	모든 사람은 죄인입니다. 예수님만이 죄를 해결하실 수 있으십니다.
악	우리는 죄 아래 있기 때문에 계속해서 악을 행하게 됩니다.
예수 그리스도	우리의 죄를 위해 십자가에서 죽으시고 부활하신 예수 그리스도를 개인적인 구주로 영접하십시오. 하나님의 자녀가 됩니다. 영생을 얻습니다.

이제까지 공부한 복음의 일곱 가지 핵심요소를 확인해 보고 말로 표현해 보는 시간이다. 두 사람씩 짝이 되어 복음의 핵심내용을 서로에게 설명해 보도록 한다. 가상의 전도자와 전도대상자가 되어 서로 역할을 바꾸어 가며 연습하는 것도 좋은 방법이다. 이를 위해서는 우선 학습자들이 표 안에 담겨있는 복음의 핵심내용을

스스로 정리할 수 있어야 한다. 자기의 말로 표현할 수 있을 때 실제 전도현장에서 복음을 설명할 수 있다는 것을 깨닫도록 지도한다.

새길말씀 외우기

하나님이 세상을 이처럼 사랑하사 독생자를 주셨으니 이는 그를 믿는 자마다 멸망하지 않고 영생을 얻게 하려 하심이라 하나님이 그 아들을 세상에 보내신 것은 세상을 심판하려 하심이 아니요 그로 말미암아 세상이 구원을 받게 하려 하심이라 (요 3:16–17)

다함께 드리는 기도

1. 오늘 배운 말씀과 내용을 생각하며 다함께 기도하는 시간을 갖도록 합시다.
2. 오늘 참석한 구성원들을 위해서 이름을 불러 가며 중보의 기도를 합시다.
3. 오늘 참석하지 못한 구성원이 있으면 그 사람을 위해 더욱 뜨거운 마음으로 기도합시다.
4. 한 주간의 삶을 통해서 오늘 배우고 익힌 내용들을 삶으로 살아갈 수 있도록 기도합시다.
5. 하나님의 은혜 가운데서 한 주를 살고, 다음 모임 시간에 모두가 모일 수 있도록 기도합시다.

＊사역자로서 이 과를 마치고 난 느낌이나 소감, 다짐 등을 간단하게 말해 봅시다.

다음 모임을 위하여

1. 다음 주에 읽어야 할 성경말씀을 읽고 확인합시다.
2. 39과의 배울말씀인 디모데후서 4장 1–5절을 읽고 묵상합시다.

평신도제자훈련교재
평가하기

평가항목	세부사항	그렇다	그저 그렇다	아니다
인도자의 준비도	인도자는 본 과의 교육목적을 이룰 수 있도록 충분하게 준비했습니까?			
교육목표의 성취도	1. 학습자들은 자신의 잘못된 선입견과 고정관념을 버리고 순수한 마음으로 주님을 만날 준비가 되었습니까? 2. 학습자들이 예수에 대하여 지식적으로 아는(know) 단계에서 체험적으로 아는(see) 단계로 발전하고자 결단하게 되었습니까?			
학습자의 참여도	학습자들이 진지하고 적극적인 태도로 성경공부에 임했습니까?			
성경공부의 분위기	성경공부를 하는 동안 학습자들이 편안한 분위기를 느낄 수 있었습니까?			
기타 보완할 점	기타 보완할 점이나 건의사항이 있습니까?			

성경 읽기표

읽을 범위		월일 주일	월일 월요일	월일 화요일	월일 수요일	월일 목요일	월일 금요일	월일 토요일
	구약	주일은 설교말씀 묵상	렘 37~39장	렘 40~42장	렘 43~45장	렘 46~48장	렘 49~51장	렘 52~ 애 1, 2장
	신약		요일 1~3장	요일 4~ 요이 1장	요삼, 유다, 계 1장	계 2~4장	계 5~7장	계 8~10장
확인								

39
평신도 제자훈련교재

전도자의 기본자세

배울말씀 디모데후서 4장 1-5절

도울말씀 행 17:1-4; 10-12; 32-34; 20:18-25; 23:11, 고후 11:23-28,
빌 3:7-14, 딤후 1:11-14

새길말씀 그러나 너는 모든 일에 신중하여 고난을 받으며 전도자의 일을 하며
네 직무를 다하라 (딤후 4:5)

이룰 목표

① 성도라면 누구나 전도자로서의 기본적인 자세가 필요함을 깨닫는다.

② 전도자가 가져야 할 마음 자세들을 살펴보고 확인한다.

③ 전도사역자로서의 생활을 할 것을 결심하고 실천한다.

교육흐름표

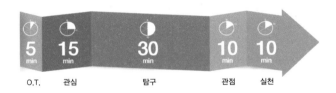

5 min	15 min	30 min	10 min	10 min
O.T.	관심	탐구	관점	실천

교육진행표

구분	오리엔테이션	관심갖기	탐구하기	관점바꾸기	실천하기
제목		내 평생의 후회	디모데야, 이런 전도자가 되어라!	회복해야 할 마음	바울과 같은 전도자가 되겠습니다
내용	환영 및 개요 설명	전도의 기회	전도자의 자세	전도자의 자세	전도의 결심
방법	강의	생각 나누기	성경 찾아 답하기	성찰하기	표 작성하기
준비물	출석부		성경책		
시간(70분)	5분	15분	30분	10분	10분

전도는 누구나 할 수 있다. 그러나 주님의 전도는 아무나 할 수 있는 것이 아니다. 주님의 전도는 참다운 전도자, 전도자다운 전도자가 될 때 할 수 있다. 단순히 한 사람을 교회에 데리고 오는 것을 전도라고 생각할 수도 있지만, 전도는 그 이상의 의미를 지닌다. 많은 경우 전도를 말할 때 은사나 전도방법들에 집착할 때가 있다. 전도에 은사가 있는지 없는지 혹은 어떤 전도방법이 가장 효과적인지에 집착하여 여러 방법들만 배우다가 시간을 낭비하기도 한다. 그러나 특별한 은사나 탁월한 방법론 이전에 중요하게 생각해야 할 것이 바로 전도자로서의 자세다.

이 과에서는 전도자들이 갖추어야 할 기본적인 자세를 배우고 익히도록 한다. 특별히 위대한 전도자 바울이 디모데에게 권면한 말씀을 통하여 전도자의 자세를 살펴보게 될 것이다. 디모데후서의 말씀은 그리스도를 만난 이후에 헌신적인 전도자로서의 삶을 살았던 바울 사도의 유언과도 같은 권면이다. 이미 1장에서 디모데에게 복음과 함께 고난을 받으라고 권면한 사도 바울은 이제 마지막 장에 와서 로마의 감옥에서 최후를 기다리는 순간에 사랑하는 믿음의 아들 디모데에게 다른 무엇보다도 전도자의 직무의식을 강조하고 있다. 전도자로서 최소한 이렇게 살아야 한다고 말하고 있는 것이다. 이 과에서는 바울 사도가 강조하고 있는 전도자의 자세를 여섯 가지로 정리하였다. 전도에 의욕이 있어도 전도를 두려워하고, 쉽게 열매를 맺지 못하는 탓에 보람을 느끼지 못하는 까닭은 대부분의 경우 전도자로서의 자세가 확립되어 있지 않기 때문이다. 이 과를 통해서 전도다운 전도를 하기 위해 갖추어야할 여섯 가지 자세들을 확인하고, 이것들을 바울이 어떻게 실천하였는지 살펴보도록 한다.

다음 글은 정근모 장로(삼성제일성결교회)의 고백입니다. 읽고 주어진 질문에 답해 봅시다.

당시 대통령 경제수석 비서관으로 근무하고 있던 김재익 박사는 나와 가장 절친한 친구였다. 사랑하는 나의 친구, 가깝게 지내면서도 자존심을 가졌던 그에게 나는 예수 그리스도를 소개하지 않을 수 없었다. 어느 날 나는 슬그머니 이야기의 서두를 꺼냈다. "김 박사, 오늘 들려주고 싶은 굉장히 중요한 이야기가 있어. 이것은 정말 심각하면서도 귀한 이야기야." 서두를 꺼내놓고는 본론에 들어가지 못했다. 80년대 초 경제를 회생시키려는 정책토의에 더 열중하고 있는 그의 마음을 정말 잘 알고 있었기 때문이었다. 그러다가 그의 이야기에 빨려들기 시작하면서 나의 의도가 까마득히 잊혀지고 말았다. '다음에는 반드시 예수에 대한 이야기를 전하리라. 어떤 일이 있더라도…….' 나는 전도의 기회를 일단 유보했다. 오늘만이 전부는 아닐 것이기에…….

중국 방문에 앞서 김박사를 만났다. "김박사, 내가 이번에 중국에 들어가게 되었어. 세상이 참 많이 변했지." 서두를 이렇게 꺼내자 그는 내게 축하의 악수를 건넸다. 환한 얼굴이 매우 인상적이었다. "나도 대통령을 모시고 동남아에 가기로 되어 있네. 매우 중요한 일이라서 걱정이 많다네." 그날 우리는 참으로 많은 이야기를 나누었다. 시간이 어떻게 흐르는지 모르게 지나가 버렸다. 나는 복음을 전해야겠다는 당초의 계획을 또 다시 뒤로 미뤄야만 했다. '다음에 또 기회가 오겠지.'

그와 헤어지면서 몹시 마음이 무거웠다. 뭔가 중요한 것을 빠뜨린 것처럼 홀가분하지 않았다. 왜일까? 왜 정작 의도했던 말은 한마디도 못했을까? 후회스러웠다. 나는 좀더 과감한 전도를 못한 나를 탓하며 며칠 후 중국 출장길에 올랐다.

"아웅산 폭발사건". 상하이에서 나는 이 소식을 들었다. '아, 김재익 박사.

그도 대통령을 수행하지 않았던가. 그는 어찌 되었을까?' 나의 가장 친한 친구는 이미 이 세상 사람이 아니었다. 나는 중국의 한 호텔 방에서 마음을 찢으며 통곡했다. 서로의 해외여행을 염려하며 나누었던 그날의 우정이 우리의 마지막 만남이 될 줄이야. '다음 기회'는 영영 오지 않는 것을.

왜 나는 그에게 정작 중요한 이야기를 꺼내보지도 못했던 것일까? 예수 그리스도를 전했다면 그가 어떤 반응을 보였을까? 어쩌면 아주 쉽게 받아들였을지도 모르는 일이 아닌가. 나는 가슴이 찢어지는 것 같았다. 울고 또 울었으나 조금도 자책감이 줄어들지 않았다. 생각하면 할수록 나 자신이 원망스럽기까지 했다. "너는 말씀을 전파하라. 때를 얻든지 못 얻든지 항상 힘쓰라." 이 말씀이 비수처럼 날카롭게 가슴에 와 박혔다.

「나는 위대한 과학자보다 신실한 크리스천이고 싶다」
정근모 장로(삼성제일성결교회)

정근모 장로는 상황이 여의치 않아 전도할 기회를 미루다가 꼭 복음을 전하고 싶어했던 친구에게 복음을 전할 기회를 놓치고 말았습니다. 혹시 비슷한 경험이 있다면 서로 이야기 나누어 봅시다.

각자의 경험을 나누어 본다.

전도할 수 있는 기회를 놓치고 후회했던 경험과 그때 전도하지 못한 이유를 중심으로 이야기를 나눈다. 사람들은 전도할 기회를 놓친 것에 대해서 '너무 마음이 아팠다', '주님께 참으로 죄송했다', '죄를 지은 것 같아 무거웠다'는 등의 반응을 보일 것이다. 많은 경우 사람들은 전도하지 못한 이유에 대해서 '시간이 없고 너무 바빠서', '주변에 방해되는 상황들이 생겨서', '상대가 거부할 것 같아서' 등의 이야기를 할 것이다. 학습자들에게 전도하지 못한 상황과 이유가 나름대로 있을 수 있겠으나 결국은 자신이 전도자로서 준비되지 못한 탓이었음을 발견하는 시간이 되도록

한다. 그리고 오늘 본문을 통해서 전도자의 자세를 배워야 할 필요가 있다는 것을
강조하도록 한다.

평신도제자훈련교재
탐구하기

디모데야, 이런 전도자가 되어라!

배울말씀인 디모데후서 4장 1-5절을 읽고 다음 질문에 답해 봅시다.

1. 위의 말씀을 읽어가며 전도자에게 필요한 자세에 들어갈 말을 보기에서 찾아
써봅시다.

구절	말씀	전도자에게 필요한 자세
1절	하나님 앞과 살아 있는 자와 죽은 자를 심판하실 그리스도 예수 앞에서 그가 나타나실 것과 그의 나라를 두고 ①엄히 명하노니	①명령을 기억하라
2절	너는 말씀을 전파하라 때를 얻든지 못 얻든지 ②항상 힘쓰라 범사에 ③오래 참음과 ④가르침으로 경책하며 경계하며 권하라	②열정 ③인내심 ④양육자
3절	때가 이르리니 사람이 바른 교훈을 받지 아니하며 귀가 가려워서 자기의 사욕을 따를 스승을 많이 두고	교만한 세상
4절	또 그 귀를 진리에서 돌이켜 허탄한 이야기를 따르리라	진리를 모르는 세상
5절	그러나 너는 ⑤모든 일에 신중하여 ⑥고난을 받으며 전도자의 일을 하며 네 직무를 다하라	⑤모범된 생활 ⑥고난

보기

양육자 열정 모범된 생활 명령을 기억하라 고난 인내심

주어진 성경본문은 개역개정판본이다. 성경판본마다 조금 다를 수 있으니 유의해야 한다. 본문은 사도 바울의 유언같은 말씀이다. 로마의 감옥에 갇혀 순교당할 절박한 상황에 있으면서도 사도 바울은 그가 참으로 사랑하는 믿음의 아들 디모데에게 전도자에게 필요한 마음에 대해서 가르쳐 주고 있다. 말씀에 비추어 보았을 때 전도자에게 필요한 자세는 다음과 같다.

① 엄히 명하노니 (명령을 기억하라)
바울이 디모데에게 주는 전도의 자세에 대한 권면은 명령으로 시작한다. 그런데 그 명령은 바울의 사적인 명령이 아니라 복음을 전하라는 하나님과 예수 그리스도의 명령이었다.

② 항상 힘쓰라 (열정)
전도자는 무엇보다도 열정을 가지고 언제 어디서든지 적극적인 태도로 복음의 진리를 전파해야 한다. 전도할 상황이 유리하든지 불리하든지 항상 하나님의 말씀을 전할 준비가 되어 있어야 하며 세월을 아껴 기회를 선용할 수 있어야 한다.

③ 오래 참음 (인내심)
전도자에게는 인내심이 필요하다. 3절과 4절에 언급된 것과 같이 사람들이 복음을 거부하고 받아들이지 않을지라도 쉽게 좌절하거나 포기하지 말고 인내심을 가지고 복음을 전해야 한다.

④ 가르침으로 경책하며 경계하며 권하라 (양육자)
전도자는 양육자가 되어야 한다. 전도는 결국 복음에 대해 알지 못하고 있던 사람들에게 기쁜 소식을 잘 알아들을 수 있도록 설명해 주는 것이다. 이를 위해 전도자는 양육자의 자세를 가지고 때로는 경책(증거를 제시하며 죄를 뼈저리게 각성시킴)하고, 경계(책망)와 권함(위로)을 지혜롭게 사용하여 복음을 전할 수 있어야 한다.

⑤ 모든 일에 신중하여 (모범된 생활)

여기서 '신중하여'는 말이나 행위를 자제하는 것을 나타낸다. 즉 전도자는 전도자이기에 앞서 그리스도인으로서 믿지 않는 사람들에게 모범된 생활인의 모습을 보여주어야 한다.

⑥ 고난을 받으며 (고난)

복음을 전한다는 것은 주님의 고난에 동참하는 것을 의미한다. 고난을 두려워하거나 피하면 온전한 전도의 열매를 맺을 수 없는 경우가 대부분이다. 전도자들은 예수 그리스도께서 친히 모본을 보이신 것처럼 그리스도로 인한 고난에 동참하여 잘 견디어야 한다.

2. 위에서 정리한 전도자의 6가지 자세를 바울의 모습 속에서 찾아봅시다. 내용을 살펴본 후 적절한 단어를 넣어봅시다.

바울이 디모데에게 그렇게 가르칠 수 있었던 것은 그 자신이 주님을 만난 이후 남은 인생을 오직 전도자로서 살았기 때문이다. 다음의 이야기들은 바울이 전도자로서 살아가며 겪었던 생생한 이야기들로서 바울이 전도자의 자세를 분명하게 이야기할 수 있는 근거가 된다. 먼저 말씀을 읽고 학습자들이 차례로 이야기를 읽은 다음 인도자가 자연스럽게 전도자의 자세를 질문하여 함께 확인하는 시간을 갖는다. 최대한 생생하게 당시의 상황에 몰입하여 읽을 수 있도록 하면 더욱 효과적이다.

> **상황1** 사도행전 23장 11절
>
> 그 날 밤에 주께서 바울 곁에 서서 이르시되 담대하라 네가 예루살렘에서 나의 일을 증언한 것 같이 로마에서도 증언하여야 하리라 하시니라

해 설　예루살렘에서의 고난을 이미 각오하기는 했지만 유대인들의 살기등등한 법정에서 치열한 변론을 하고 난 바울, 이미 바울을 죽이기로 맹세하고 당을 지은 40여 명의 사람들까지 준비되는 등 예루살렘에서 전개되는 상황은 점점 악화되어 앞날을 예측할 수 없는 불안한 지경으로 치닫고 있었다. 바로 그러한 때에 부활하신 주님이 바울에게 나타나 말씀하셨다. 그것은 당시 로마가 세계의 중심지였기 때문에 로마에로의 복음진출이 '땅 끝까지 이르러 내 증인이 되리라'는 주님의 계획이라는 말씀이었다. 그리하여 로마로 가는 것이 바울의 단순한 바람이 아닌 주님의 명령이 되었다. 이후 2년간에 걸친 로마전도여행에서 많은 위험이 따랐음에도 불구하고 바울은 조금도 굴하지 않고 주님의 명령을 따라 담대히 복음을 전했다.

전도자의 자세 하나! – 전도는 하나님의 ☐☐ (명령)입니다.

상황2　빌립보서 3장 7-14절

그러나 무엇이든지 내게 유익하던 것을 내가 그리스도를 위하여 다 해로 여길 뿐더러 또한 모든 것을 해로 여김은 내 주 그리스도 예수를 아는 지식이 가장 고상하기 때문이라 내가 그를 위하여 모든 것을 잃어버리고 배설물로 여김은 그리스도를 얻고 그 안에서 발견되려 함이니 내가 가진 의는 율법에서 난 것이 아니요 오직 그리스도를 믿음으로 말미암은 것이니 곧 믿음으로 하나님께로부터 난 의라 내가 그리스도와 그 부활의 권능과 그 고난에 참여함을 알고자 하여 그의 죽으심을 본받아 어떻게 해서든지 죽은 자 가운데서 부활에 이르려 하노니 내가 이미 얻었다 함도 아니요 온전히 이루었다 함도 아니라 오직 내가 그리스도 예수께 잡힌 바 된 그것을 잡으려고 달려가노라 형제들아 나는 아직 내가 잡은 줄로 여기지 아니하고 오직 한 일 즉 뒤에 있는 것은 잊어버리고 앞에 있는 것을 잡으려고 푯대를 향하여 그리스도 예수 안에서 하나님이 위에서 부르신 부름의 상을 위하여 달려가노라

해 설　빌립보교회의 성도들은 바울이 투옥된 이후로 상당히 낙심하고 있었다. 더욱이 바울은 이미 오랫동안 감옥생활을 하고 있었기에 머지않아 처형될지도 모른

다는 걱정이 옥중의 바울을 물질적으로 섬기고 있었던 그들에게도 있었다. 그런데 바울은 옥중에서도 편지를 통해 빌립보교회 성도들에게 주님을 향한 자신의 식지 않은 열정과 사명감을 밝히면서 빌립보교회 성도들의 믿음의 열심을 촉구한다.

전도자의 자세 둘! – 전도는 ☐☐(열정)입니다.

상황3 고린도후서 11장 23-28절

그들이 그리스도의 일꾼이냐 정신없는 말을 하거니와 나는 더욱 그러하도다 내가 수고를 넘치도록 하고 옥에 갇히기도 더 많이 하고 매도 수없이 맞고 여러 번 죽을 뻔하였으니 유대인들에게 사십에서 하나 감한 매를 다섯 번 맞았으며 세 번 태장으로 맞고 한 번 돌로 맞고 세 번 파선하고 일 주야를 깊은 바다에서 지냈으며 여러 번 여행하면서 강의 위험과 강도의 위험과 동족의 위험과 이방인의 위험과 시내의 위험과 광야의 위험과 바다의 위험과 거짓 형제 중의 위험을 당하고 또 수고하며 애쓰고 여러 번 자지 못하고 주리며 목마르고 여러 번 굶고 춥고 헐벗었노라 이 외의 일은 고사하고 아직도 날마다 내 속에 눌리는 일이 있으니 곧 모든 교회를 위하여 염려하는 것이라

해 설 바울을 비난하는 사람들과 변질된 가르침으로 일관하고 있는 거짓교사들을 받아들인 고린도교회의 성도들에게, 바울은 인내심을 가지고 다시 권면의 말씀을 증거한다. 거짓사도들의 자기자랑에 환멸을 느낀 바울은 그들로 인해 고린도교회의 성도들이 미혹될까 염려하여 비록 내키지 않지만 자기의 자랑을 하게 된다. 그런데 바울의 자랑은 사람들이 생각하는 자랑과는 거리가 멀었다. 그는 자신이 기적을 행한 것 등 자신의 능력을 자랑한 것이 아니라 오히려 복음을 증거하면서 겪었던 자신의 고난과 약함을 자랑했다. 예수 그리스도와 같이 섬기는 종으로서 바울이 한 자기 자랑은 복음 증거에 있어 얼마나 많은 고난과 수고를 인내함으로 감당해야 하는지를 잘 보여준다.

전도자의 자세 셋! - 전도자는 □□□(인내심)을 가져야 합니다.

상황4 사도행전 17장 1-4절

그들이 암비볼리와 아볼로니아로 다녀가 데살로니가에 이르니 거기 유대인의 회당이 있는지라 바울이 자기의 관례대로 그들에게로 들어가서 세 안식일에 성경을 가지고 강론하며 뜻을 풀어 그리스도가 해를 받고 죽은 자 가운데서 다시 살아나야 할 것을 증언하고 이르되 내가 너희에게 전하는 이 예수가 곧 그리스도라 하니 그 중의 어떤 사람 곧 경건한 헬라인의 큰 무리와 적지 않은 귀부인도 권함을 받고 바울과 실라를 따르나

사도행전 17장 10-12절

밤에 형제들이 곧 바울과 실라를 베뢰아로 보내니 그들이 이르러 유대인의 회당에 들어가니라 베뢰아에 있는 사람들은 데살로니가에 있는 사람들보다 더 너그러워서 간절한 마음으로 말씀을 받고 이것이 그러한가 하여 날마다 성경을 상고하므로 그 중에 믿는 사람이 많고 또 헬라의 귀부인과 남자가 적지 아니하나

사도행전 17장 32-34절

그들이 죽은 자의 부활을 듣고 어떤 사람은 조롱도 하고 어떤 사람은 이 일에 대하여 네 말을 다시 듣겠다 하니 이에 바울이 그들 가운데서 떠나매 몇 사람이 그를 가까이하여 믿으니 그 중에는 아레오바고 관리 디오누시오와 다마리라 하는 여자와 또 다른 사람들도 있었더라

해설   바울은 실라와 함께 베뢰아, 아덴 등으로 장소를 옮겨가며 복음을 증거했다. 이곳에서의 사역은 주로 회당에서 강론하는 것이었다. 바울 일행이 주 예수 그리스도께서 죽은 자 가운데서 살아나셨다는 사실을 사람들에게 전할 때마다 천하를 어지럽게 한다고 소동이 일어나기도 하였지만, 그 중에는 간절한 마음으로 말

씀을 받는 사람들도 있었다. 더욱이 아덴에서는 철학자들과 쟁론하는 가운데 부활하신 주님을 증거하였더니 관심을 갖고 바울의 복음을 다시 듣겠다는 사람도 나타나고 곧바로 믿는 사람들도 나왔다. 이는 모두 바울이 성실하게 말씀을 풀어 가르친 결과였다.

전도자의 자세 넷! – 전도자는 □□□(양육자)가 되어야 합니다.

상황5 디모데후서 1장 11-14절

내가 이 복음을 위하여 선포자와 사도와 교사로 세우심을 입었노라 이로 말미암아 내가 또 이 고난을 받되 부끄러워하지 아니함은 내가 믿는 자를 내가 알고 또한 내가 의탁한 것을 그 날까지 그가 능히 지키실 줄을 확신함이라 너는 그리스도 예수 안에 있는 믿음과 사랑으로써 내게 들은 바 바른 말을 본받아 지키고 우리 안에 거하시는 성령으로 말미암아 네게 부탁한 아름다운 것을 지키라

해 설 죽음을 앞에 둔 바울은 사랑하는 동역자인 디모데에게 마지막 권면을 한다. 바울 자신은 오직 복음전도를 위한 사역자였음을 자랑스럽게 여기면서 오직 그 사명을 위하여 고난을 당할 때도 확신을 가지고 감당하였다는 것을 자신있게 말한다. 바울은 자신의 삶의 모습에 대해서 당당하게 자신의 후배에게, 그동안 곁에서 보고 성장하여 이제 교회를 섬기고 있는 디모데에게 이야기한다. 그는 자신의 가르침을 본으로 디모데가 그동안 부탁한 아름다운 것(복음의 핵심)을 잊어버리지 말고 힘써 지킬 것을 강조한다. 이런 바울의 모습을 통해 우리는 그가 얼마나 모범된 자세를 지켜 왔는지 가늠해 볼 수 있다.

전도자의 자세 다섯! – 전도자는 □□□ □□(모범된 생활)을 해야 합니다.

상황6 사도행전 20장 18-25절

오매 그들에게 말하되 아시아에 들어온 첫날부터 지금까지 내가 항상 여러분 가운데서 어떻게 행하였는지를 여러분도 아는 바니 곧 모든 겸손과 눈물이며 유대인의 간계로 말미암아 당한 시험을 참고 주를 섬긴 것과 유익한 것은 무엇이든지 공중 앞에서나 각 집에서나 거리낌이 없이 여러분에게 전하여 가르치고 유대인과 헬라인들에게 하나님께 대한 회개와 우리 주 예수 그리스도께 대한 믿음을 증언한 것이라 보라 이제 나는 성령에 매여 예루살렘으로 가는데 거기서 무슨 일을 당하는지 알지 못하노라 오직 성령이 각 성에서 내게 증언하여 결박과 환난이 나를 기다린다 하시나 내가 달려갈 길과 주 예수께 받은 사명 곧 하나님의 은혜의 복음을 증언하는 일을 마치려 함에는 나의 생명조차 조금도 귀한 것으로 여기지 아니하노라 보라 내가 여러분 중에 왕래하며 하나님의 나라를 전파하였으나 이제는 여러분이 다 내 얼굴을 다시 보지 못할 줄 아노라

해 설 지난 3년간 심혈을 기울여 전도하고 복음을 증거했던 에베소, 이제 오순절 절기가 끝나기 전에 예루살렘으로 가기 위하여 바울은 에베소의 장로들을 청하여 마지막으로 위로와 권면의 말씀을 전한다. 그는 자신이 지금까지 전도하면서 숱한 고난 중에서도 오직 주님을 향한 헌신으로 감당하였고 앞으로도 예루살렘에서 더 많은 고난이 기다리고 있겠지만 복음 증거의 사명을 마치기 위해서는 생명도 귀하게 여기지 않겠다는 비장한 각오를 밝힌다. 특히 장차 복음 증거를 하다가 순교까지도 감당할 것을 암시하는 바울의 설교를 통해 그 자리는 눈물바다가 되었다. 그렇지만 전도자로서 고난을 두려워하지 않는 그를 통해 모두가 큰 은혜를 경험하였을 것이다.

전도자의 자세 여섯! – 전도자는 □□ (고난)받을 각오가 되어 있어야 합니다.

평신도제자훈련교재
관점바꾸기   회복해야 할 마음

디모데는 바울 사도의 말씀을 마음에 담고 지키기에 힘써 훌륭한 전도자가 되었습니다. 그동안 내가 전도자의 마음을 갖지 못하도록 가로막고 있던 생각들이 있습니까? 예로 주어진 문장들을 읽고 생각해 봅시다. 좋은 전도자가 되기 위해 내가 회복해야할 마음의 자세는 어떠한 것일까요? 오른쪽에 적어 봅시다.

전도자가 되지 못하게 막던 생각들	복음을 전하는 사람으로서 내가 회복해야할 마음
꼭 전도해야만 하나? 너무 유난 떠는 것 아냐?	하나님의 명령으로 순종하고 전도하자.
난 너무 바쁘고 시간이 없어. 나 하나 예배 참석하기도 벅차.	열정을 가진 전도자가 되자.
몇 번 해 봤는데 쉽지 않더라구. 조금 쉬었다가 할래.	더욱 인내심을 가지고 전도하자.
그 사람은 시간을 들여도 영 나아지질 않아서 보람이 없어. 그 사람은 교회를 너무 몰라.	양육자의 자세로 전도하자.
그 사람이 워낙 비판적인 성격이라. 교회를 헐뜯는 사람들이 너무 많아.	늘 모범된 생활을 하는 전도자가 되자.
전도하다 힘든 일을 겪은 적이 있어서. 내 상황이 전도 다닐 상황이 아니야.	고난도 감수하는 전도자가 되자.

앞의 탐구하기에서 공부하며 발견했던 전도자의 자세(명령, 열정, 인내심, 양육자, 모범된 생활, 고난)들을 다시 한 번 확인하고 내면화시키는 과정이다. 바울 사도가 디모데에게 주었던 권면 속에서 깨달은 여섯 가지의 자세들을 이제 학습자가 자신에게 적용할 수 있도록 배려한다. 그리고 이 여섯 가지의 자세들을 기억하면서 '복음을 전하는 사람으로서 내가 회복해야할 마음'란에 진지하게 자신의 결심을 적어넣을 수 있도록 한다.

평신도 제자 훈련 교재

실천하기　　바울과 같은 전도자가 되겠습니다

전도는 취미나 적성의 문제가 아닙니다. 전도자는 태어나는 것이 아니라 만들어지는 것입니다. 이제 내가 바울과 같이 주님의 전도자로 성장하기 위해 결심한 것을 아래의 실천사항에 적어 봅시다.

전도자의 자세	내가 실천할 사항
전도는 주님의 명령	주님의 말씀대로 실천하며 살도록 힘쓰겠습니다. 그래서 나는 (일주일에 한 번은 꼭 복음을 전하겠습니다.)
열정적인 전도자	영혼을 사랑하는 마음을 갖도록 하겠습니다. 그래서 나는 (전도 대상자를 정하여 일주일에 한번은 꼭 찾아가보고 하루에 한 번씩은 이름을 불러가며 기도하겠습니다.)
인내심을 갖고	불편과 어려움을 불평하지 않으려고 애쓰겠습니다. 그래서 나는 (영혼을 구하는 일을 포기하지 않겠습니다.)
양육자가 되어	다른 사람들과 잘 나눌 수 있도록 말씀을 잘 배우겠습니다. 그래서 나는 (교회에 데리고 나오는 것을 넘어서 잘 적응하고 성장할 수 있도록 돕겠습니다.)
범사에 모범된 생활을 하며	사람들에게 흠 잡히지 않도록 행동을 주의하겠습니다. 그래서 나는 (겸손하려고 노력하고, 베풀기 위해 힘쓰겠습니다.)
고난도 감당	주님의 고난을 생각하며 이기도록 노력하겠습니다. 그래서 나는 (고난을 통과한 사역자의 상급을 더욱 사모하겠습니다.)

인도자는 위에 주어진 예시와 같이 학습자들이 전도자로서 새로운 자세를 갖기 위해서 실천할 사항들을 적을 수 있도록 돕는다. 학습자들에게 잠시 생각할 시간을 준 다음, 실제로 실천 가능한 구체적인 결심을 할 수 있도록 격려한다. 다 적은 후

에 돌아가며 모두 발표하게 하면 학습의 효과가 더욱 증대될 것이다.

새길말씀 외우기

그러나 너는 모든 일에 신중하여 고난을 받으며 전도자의 일을 하며 네 직
무를 다하라 (딤후 4:5)

다함께 드리는 기도

1. 오늘 배운 말씀과 내용을 생각하며 다함께 기도하는 시간을 갖도록 합
   시다.
2. 오늘 참석한 구성원들을 위해서 이름을 불러 가며 중보의 기도를 합시다.
3. 오늘 참석하지 못한 구성원이 있으면 그 사람을 위해 더욱 뜨거운 마음
   으로 기도합시다.
4. 한 주간의 삶을 통해서 오늘 배우고 익힌 내용들을 삶으로 살아갈 수 있
   도록 기도합시다.
5. 하나님의 은혜 가운데서 한 주를 살고, 다음 모임 시간에 모두가 모일 수
   있도록 기도합시다.

*사역자로서 이 과를 마치고 난 느낌이나 소감, 다짐 등을 간단하게
  말해 봅시다.

다음 모임을 위하여

1. 다음 주에 읽어야 할 성경말씀을 읽고 확인합시다.
2. 40과의 배울말씀인 고린도전서 2장 1-5절을 읽고 묵상합시다.

평신도제자훈련교재
평가하기

평가항목	세부사항	그렇다	그저 그렇다	아니다
인도자의 준비도	인도자는 본 과의 교육목적을 이룰 수 있도록 충분하게 준비했습니까?			
교육목표의 성취도	1. 학습자들은 자신의 잘못된 선입견과 고정관념을 버리고 순수한 마음으로 주님을 만날 준비가 되었습니까? 2. 학습자들이 예수에 대하여 지식적으로 아는 (know) 단계에서 체험적으로 아는(see) 단계로 발전하고자 결단하게 되었습니까?			
학습자의 참여도	학습자들이 진지하고 적극적인 태도로 성경공부에 임했습니까?			
성경공부의 분위기	성경공부를 하는 동안 학습자들이 편안한 분위기를 느낄 수 있었습니까?			
기타 보완할 점	기타 보완할 점이나 건의사항이 있습니까?			

성경 읽기표

읽을 범위		월 일 주일	월 일 월요일	월 일 화요일	월 일 수요일	월 일 목요일	월 일 금요일	월 일 토요일
	구약	주일은 설교말씀 묵상	애 3~5장	겔 1~3장	겔 4~6장	겔 7~9장	겔 10~12장	겔 13~15장
	신약		계 11~13장	계 14~16장	계 17~19장	계 20~22장	마 1~3장	마 4~6장
확인								

전도의 방법

배울말씀　　고린도전서 2장 1–5절

도울말씀　　행 21:37–22:29, 고전 1:17–21

새길말씀　　형제들아 내가 너희에게 나아가 하나님의 증거를 전할 때에 말과 지혜의 아름다운
　　　　　　것으로 아니하였나니 (고전 2:1)

이룰 목표

① 자신의 전도 방법을 평가해 본다.

② 바울의 전도 방법을 파악하고 이해한다.

③ 바울의 전도 방법을 현장에서 실천한다.

교육흐름표

10 min	**15** min	**20** min	**15** min	**10** min
O.T.	관심	탐구	관점	실천

교육진행표

구분	오리엔테이션	관심갖기	탐구하기	관점바꾸기	실천하기
제목		나의 전도 스타일은?	전도에는 왕도가 없습니다	성령의 인도함을 받는 전도요소	이렇게 전도하겠습니다
내용	환영 및 개요 설명	전도의 자가진단	전도의 내용	전도의 자세	전도의 실제
방법	강의	진단표 확인	성경 찾아 답하기	성경 찾아 답하기	지침 따르기
준비물	출석부	진단표	성경책	성경책	
시간(70분)	10분	15분	20분	15분	10분

전도의 현장에서 자주 경험하는 것 중 하나가 사람은 감정적인 존재라서 일단 마음을 닫아버리면 좀처럼 전도의 열매를 맺기 어렵다는 사실이다. 아무리 좋은 내용의 말을 전하고자 해도 전달방법이 적절하지 않으면 내용을 반감시킨다. '어떻게 말하느냐'가 '무엇을 말하느냐' 만큼 중요하다.

전도는 철저히 성령의 역사다. 하나님의 구원역사는 인간의 지혜나 능력을 통해서 얻어지는 것이 아니라 오직 성령의 역사에 의지할 때 일어난다. 그러나 성경은 우리에게 '너희 속에 있는 소망에 관한 이유를 묻는 자에게는 대답할 것을 항상 준비하라(벧전 3:15)고 말씀하시고 있다.' 우리는 우리가 할 수 있는 최선을 다해서 복음을 전할 준비를 해 두어야 한다. 그리고 복음을 잘 전달하기 위해 필요한 방법을 세상 밖이 아닌 성경 안에서 찾아야 한다.

우리는 본문에서 오직 철저히 성령의 인도하심 가운데 쓰임 받았던 바울의 전도방법론을 만날 수 있다. 바울 사도는 당시 가장 높은 수준의 교육을 받은 사람이었다. 그는 헬라철학을 비롯한 다양한 학문들에 정통했을 것이다. 그러한 그가 만약 하려고만 했다면 자신의 박식한 철학적 논리를 가지고 예수 그리스도를 설명할 수 있었을 것이다. 뿐만 아니라 헬라 최고 지식인들과 지혜를 겨룰 역량도 충분히 가지고 있었을 것이다. 그러나 바울은 고린도에서 전도할 때에 인간의 지혜와 철학적 사변을 사용하지 않았음을 분명히 하고 있다. 바울은 전도자에게 참으로 필요하고 중요한 것은 논리성이나 지식의 정도, 문장의 아름다움이 아니라 성령의 지혜와 능력이라는 것을 자신의 경험을 통해 깨달았기 때문이다.

이뿐 아니라 그는 인간의 부패한 심성으로는 하나님의 거룩한 지혜를 받아들일 수 없다는 것도 알고 있었다. 바울은 오직 성령을 통해서, 하나님의 전적인 은혜로 그리스도의 지혜가 주어진다는 사실을 피력한다.

이 과에서는 우리가 추구해야 할 주된 전도 방법은 성령의 인도함을 받는 전도라는 것을 알고 학습하고자 한다. 이를 위해 먼저 관심갖기에서 학습자들이 전도자로서 어떤 상태인지 점검한 후, 더욱 복음 중심적이고 성령께 집중하는 전도자가 되기를 힘쓰도록 안내한다. 탐구하기에서는 바울이 고린도에서 전도하면서 추구했던 전도방법을 자세히 살펴보고자 한다. 그리고 관점 바꾸기에서는 탐구하기를 통해 얻어진 가치, 즉 성령의 인도함을 받는 전도의 요소들을 5가지로 정리하고 성경의 다른 기록들을 통해 확인하도록 한다. 마지막으로 실천하기에서는 학습자가 구체적으로 성령의 인도함을 받는 전도를 하기 위해 기도결심, 시간결심, 대상결심, 메시지결심 등을 결단할 수 있도록 한다.

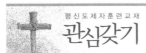

평신도제자훈련교재
관심갖기   나의 전도 스타일은?

나는 그동안 어떤 방식으로 전도해 왔는지 생각해 봅시다. 내가 해 왔던 전도방법들에 무엇을 보완해야 할까요? 아래의 문항 중에서 내게 해당되는 항목에 ○표 하여 나의 전도방법과 태도를 분석해 봅시다.

	내용	나의 경험은?
1	신앙에 부정적이거나 비판적인 사람을 설득해본 적이 있다.	
2	일상 생활 속에서 기회가 되면 전도하려고 노력했다.	○
3	교역자나 인도자를 따라 보조자로 전도에 참여했다.	○
4	만나는 사람에게 주보나 전도지를 전해 주었다.	○
5	조장 혹은 인도자가 되어 노방과 축호전도를 실시했다.	
6	태신자를 작정한 후 선물 등을 주며 교회 출석을 권유했다.	○
7	주변의 믿지 않는 사람들에게 내가 교회를 다니고 있는 이유를 이야기했다.	
8	출석하고 있는 교회와 목회자를 자랑하였다.	

9	주변의 믿지 않는 사람들에게 예수님을 만난 경험을 이야기했다.	
10	주변의 믿지 않는 사람들에게 내가 알고 있는 복음의 핵심을 분명하게 설명하였다.	

나의 전도 방법과 태도에 대한 평가	보완해야 할 점
전도를 했다고 보기 어려울 정도로 소극적이었다고 생각한다.	좀더 적극적으로 전도할 수 있도록 전도 방법을 열심히 공부해야 하겠다.

(각자 위의 표에 체크를 한 후 아래의 칸에 자신의 전도 방법과 태도에 대해 스스로 평가를 내려보고 보완해야 할 점에 대해서 생각해 보도록 한다.)

인도자는 학습자들이 스스로 평가한 내용을 들은 후 아래와 같이 대략적인 설명을 해 주자. 단, 이 평가는 명확하게 구분하고 규정을 짓기 위한 것이 아니라 전도에 대한 분발을 촉구하기 위한 대략적인 내용임을 분명히 기억해야 한다.

1-2개 : 아쉽네요. 당신은 소극적 전도자입니다.
　　　　아직 전도에 대한 구체적인 준비가 없이 단순히 참여하는 정도에 머물러 있다.
3-4개 : 좀더 분발합시다. 당신은 순종적 전도자입니다.
　　　　전도의 중요성이나 필요성을 알고 긍정적인 자세로 참여하는 상태이다.
5-6개 : 멋집니다. 당신은 적극적 전도자입니다.
　　　　주도적이기는 하나 전도의 전략과 내용을 더욱 보완해야 할 필요성이 있다.
7-8개 : 대단하십니다. 당신은 열정적 전도자입니다.
9-10개 : 존경합니다. 이상적 전도자입니다.

배울말씀인 고린도전서 2장 1-5절을 읽고 주어진 질문에 답해 봅시다.

본문의 말씀은 전도자가 효과적인 전도방법에만 매달릴 때 경고하시는 말씀입니다. 주어진 성경 말씀을 확인하면서 질문에 답해 봅시다.

1. 사도 바울이 고린도에서 전도할 때 의지하지 않았던 것 두 가지는 무엇입니까?
   또 이것이 의미하는 것은 무엇이라고 생각하십니까? (1절)

   말과 지혜의 아름다운 것, 말은 화려한 언변(수사학)이나 외국어 능력을 의미한다. 지혜는 논리학이나 철학 등 세상의 지식을 의미한다. 이것은 곧 인간적인 수단과 방법을 의미한다.

   사도행전 21장 37절-22장 29절에 보면 바울에게는 전도할 때 요긴하게 사용할 수 있었던 것들이 많이 있었다. 그것들은 다음과 같다. ①바울은 당시 유식한 사람들에게 통용되던 헬라어를 할 줄 알았다.(행 21:37-39) ② 바울은 히브리 방언도 말할 줄 알았다.(행 21:40-22:2) ③바울은 사람들에게 평판이 좋았고 큰 도시였던 길리기아 다소 출신이었다.(행 21:39; 22:3) ④바울은 유명한 학자 가말리엘의 문하에서 교육을 받았다.(행 22:3) ⑤바울은 나면서부터 로마 시민권을 가지고 있었다(행 22:27-29). 이처럼 바울 사도는 얼마든지 탁월한 '말'과 '지혜'로 전도할 수 있는 조건을 갖추고 있었음에도 불구하고 그것을 사용(의지)하지 않았다고 밝히고 있다.

2. 바울이 고린도 사람들에게 참으로 알리고자 했던 것은 오직 두 가지뿐이었습니다. 이 두 가지는 무엇인가요? (2절)

예수 그리스도와 예수 그리스도께서 십자가에 못 박히신 것

바울은 사람들이 자신의 지혜와 능력, 그리고 세상의 방법(말과 지혜)을 의지하면 전도다운 전도가 아니라고 생각했다. 그는 전도하면서 오직 두 가지만 증거하고자 했는데, 그것은 예수 그리스도와 예수 그리스도께서 우리를 위해 십자가를 지셨다는 사실이었다. 이는 복음의 핵심적인 메시지 자체보다 사람들의 논리와 생각 혹은 방법에만 치우치기 쉬운 현실에 대해 경종이 되는 말씀이다.

3. 바울이 고린도에 있었을 때는 '약하고 두려워하고 심히 떨었다'고 말할 정도로 어려운 상황이었습니다. 그럼에도 그는 어떠한 마음가짐과 자세로 전도에 임했다고 고백하고 있습니까? (3-4절) 빈칸에 알맞은 말을 써봅시다.

1) 사람의 (지혜)에서 나오는 (말)이 되지 않도록

2) (성령)의 나타나심과 (능력)으로

바울은 고린도에서 그 지역에 성행하던 이교도의 강한 세력, 철학자들의 사변과 교만한 태도, 그리고 도시 전체의 도덕적인 타락상 등으로 인해 복음 전도자로서 큰 중압감을 느꼈다. 그래서 강하고 담대한 사도였지만 때때로 마음이 약해지기도 하고 두려워지기도 했으며 심히 떨리기까지 하였던 것 같다. 그럼에도 불구하고 바울은 자신의 능력이나 세상의 지혜에 의지하지 않고 성령의 나타나심과 그 능력으로 복음을 전하는 일에 임하였다. 오히려 두렵고 떨렸기 때문에 더욱 성령을 의지하였을 것이다. 바울의 고린도 전도사역은 사도행전 18장 1-18절에 잘 나타나 있다.

4. 왜 바울은 전도하면서 자신의 말의 지혜와 세상의 지혜에 의지하지 않았을까요? (고전 1:17, 21)

1) 말의 지혜로 전도하지 않은 이유 (고전 1:17) :

그리스도의 십자가가 헛되지 않게 하려고

2) 이 세상의 지혜로 전도하지 않은 이유 (고전 1:21) :

이 세상이 자기 지혜로 하나님을 알지 못하기 때문에

바울은 인간의 지혜와 달변으로 전도함으로써 그리스도의 십자가의 능력이 나타나지 않게 되는 것을 염려하였다. 또한 바울은 인간의 지혜와 능력과 신분 등은 구원을 얻는 데에 아무런 효력이 없으며 하나님은 오히려 사람들이 생각하는 것과 전혀 다른 방법으로 인간을 구원하신다고 믿고 있었다.

5. 전도에 대한 자신의 신념을 통해서 바울이 사람들에게 궁극적으로 알려주려고 한 것은 무엇일까요? (5절)

믿음은 사람의 지혜에 달려 있는 것이 아니라 하나님의 능력에 속해 있다는 사실

전도는 그 결과만 중요한 것이 아니라 그 과정도 매우 중요하다. 구원을 얻는 믿음이 사람에게서 나온 지혜의 산물이 아니라 하나님의 선물이요 역사인 것을 알리는 것 또한 전도다. 바울 사도는 그 사실을 감안하여 세속적인 고린도 사회에 하나님의 능력을 증거하고자 하였다.

바울은 항상 예수 그리스도와 십자가만 증거하려고 노력했습니다. 사도 바울의
실천이 담겨 있는 말씀들을 읽고 우리가 배워야할 전도에 관한 중요 요소들을 아
래의 보기에서 찾아 적어 봅시다.

바울의 실천	전도의 요소
기도를 계속하고 기도에 감사함으로 깨어 있으라 또한 우리를 위하여 기도하되 하나님이 전도할 문을 우리에게 열어 주사 그리스도의 비밀을 말하게 하시기를 구하라 내가 이 일 때문에 매임을 당하였노라 (골 4:2-3)	기도함
성령이 아시아에서 말씀을 전하지 못하게 하시거늘 그들이 브루기아와 갈라디아 땅으로 다녀가 무시아 앞에 이르러 비두니아로 가고자 애쓰되 예수의 영이 허락지 아니하시는지라 무시아를 지나 드로아로 내려갔는데 밤에 환상이 바울에게 보이니 마게도냐 사람 하나가 서서 그에게 청하여 이르되 마게도냐로 건너와서 우리를 도우라 하거늘 바울이 그 환상을 보았을 때 우리가 곧 마게도냐로 떠나기를 힘쓰니 이는 하나님이 저 사람들에게 복음을 전하라고 우리를 부르신 줄로 인정함이러라(행 16:6-10)	성령에 민감함
또한 영광 받기로 예비하신 바 긍휼의 그릇에 대하여 그 영광의 풍성함을 알게 하고자 하셨을지라도 무슨 말을 하리요 이 그릇은 우리니 곧 유대인 중에서 뿐 아니라 이방인 중에서도 부르신 자니라(롬 9:23-24)	긍휼히 여김
또 나를 위하여 구할 것은 내게 말씀을 주사 나로 입을 열어 복음의 비밀을 담대히 알게 하옵소서 할 것이니 이 일을 위하여 내가 쇠사슬에 매인 사신이 된 것은 나로 이 일에 당연히 할 말을 담대히 하게 하려 하심이라(엡 6:19-20)	담대함
그러나 내게는 우리 주 예수 그리스도의 십자가 외에 결코 자랑할 것이 없으니 그리스도로 말미암아 세상이 나를 대하여 십자가에 못 박히고 내가 또한 세상을 대하여 그러하니라(갈 6:14)	십자가에 집중함

▷기도함…골로새서 4장 2-3절

바울은 골로새교회의 모든 성도들에게 열심히 기도할 것을 권고한다. 즉 기도에 항상 힘쓰고, 깨어 기도하고, 바울 자신과 자신의 동역자들의 복음사역을 위해 기도해 달라고 요청한다. 비록 로마의 감옥에 갇혀 있을지라도 하나님께서 전도의 문을 열어주시기를 간구해 달라고 하고 있다. 성도들의 생각으로는 바울이 투옥됨으로 말미암아 복음 사역의 길이 막힐 것이라고 생각했으나 바울은 인간이 예상할 수 없는 방법으로 전도의 문을 열어주시는 하나님의 섭리를 믿고 있었기에 기도를 강조하고 있는 것이다. 바울은 이처럼 그 스스로 기도하는 사람이었고 그의 사역은 항상 기도를 강조하고 있는 것을 볼 수 있다. 따라서 성령의 인도함을 받는 전도사역을 하기 위해서는 먼저 집중적으로 기도해야 한다.

▷성령에 민감함…사도행전 16장 6-10절

바울은 아시아에서 복음을 전하고 싶었다. 그러나 성령께서 그를 유럽 쪽으로 인도하셨다. 바울은 복음으로 아시아를 정복하려는 욕망이 강하였지만 예수의 영이 그에게 환상을 보여주시면서까지 유럽전도가 더 시급하다고 알려주신 것이다. 이로써 복음이 아시아에서 머물지 아니하고 세계 곳곳으로 확산되었다. 성령은 복음증거의 주체이시다. 바울도 복음전파의 사역은 자신의 뜻대로가 아니라 그리스도 안에서 성령의 인도하심에 따르는 것임을 고백하고 있다(고후 11:16-22). 그러므로 성령의 인도함을 받는 전도사역을 하기 위해서 더욱 성령의 충만함을 입고 성령의 역사에 민감하도록 힘써야 한다.

▷긍휼히 여김…로마서 9장23-24절

성령의 인도함을 받는 전도사역을 하기 위해서는 하나님의 긍휼을 회복해야 한다. 전도자는 하나님이 긍휼히 여기시는 영혼을 긍휼히 여겨야 한다. 이를 위해서는 바울처럼 하나님의 긍휼을 경험하고 자신이 하나님의 긍휼의 그릇으로 부름받았음을 분명히 깨달아야 한다.

▷담대함…에베소서 6장 19-20절
20절에서 바울은 자신을 이방인들에게 복음을 전하다가 감옥에 갇힌 하나님의 사신이라고 고백하고 있다. 이처럼 바울은 자신이 투옥된 것도 바로 복음을 전하기 위함이라고 확신하고 있었다. 그에게 중요한 것은 복음의 비밀을 담대히 전하는 것뿐이었기 때문에 에베소교회에 자신이 복음을 담대히 전할 수 있게 해 달라고 기도해 줄 것을 부탁하고 있다.

▷십자가에 집중함…갈라디아서 6장 14절
바울은 한때 세상의 영광을 구하고 인간적인 성공을 바라보며 살았던 쓰라린 경험이 있다(빌 3:3-6). 그러나 그는 '십자가에 못 박히는', 즉 그리스도 안에서 새롭게 태어난 감격을 가지고 십자가를 자랑한다. 성령의 인도함을 받는 전도가 되기 위해서는 세상적이고 인간적인 자랑이 아니라 오직 십자가만 자랑할 수 있어야 한다.

평신도제자훈련교재
실천하기　　　　이렇게 전도하겠습니다

전도는 이론이 아니라 실천입니다. 10단원을 정리하면서 구체적인 전도 계획을 세우고 기도하며 실천합시다.

전도를 위한 기도	· 성령님을 부르며 나의 전도사역을 위해 기도하겠습니다. · 매일 30분씩 전도하고자 하는 영혼을 위해 기도하겠습니다.
전도를 위한 시간	· 화요일 오전 시간은 전도를 위해 사용하겠습니다.
전도할 대상자	· 아들 친구 엄마(○ ○ ○) · 시동생(○ ○ ○)
전도를 위한 메시지	· 복음의 핵심요소 7가지 · 4영리

전도할 대상자는 많을수록 좋다. 중요한 것은 주변에서부터 찾아 구체적으로 실천할 수 있는 대상자를 선정하는 것이다. 전도를 위한 메시지를 준비하기 위해 지난 38과(복음의 핵심)를 찾아 다시 확인해 보는 것도 좋은 방법이다.

한 주간 동안 전도를 실시하고 다음 주 모임 전까지 전도 보고서를 작성하여 다음 주 모임의 첫 시간에 함께 이야기를 나누어 봅시다.

전도 보고서 보고자 :			
일 시	월 일 시 - 시		
장 소			
결 과	접촉자수 ( )명 접촉자수 ( )명 * 결신자 신상기록사항		
	성명	전화번호	주소	특기사항

새길말씀 외우기

형제들아 내가 너희에게 나아가 하나님의 증거를 전할 때에 말과 지혜의 아름다운 것으로 아니하였나니 (고전 2:1)

다함께 드리는 기도

1. 오늘 배운 말씀과 내용을 생각하며 다함께 기도하는 시간을 갖도록 합시다.
2. 오늘 참석한 구성원들을 위해서 이름을 불러 가며 중보의 기도를 합시다.
3. 오늘 참석하지 못한 구성원이 있으면 그 사람을 위해 더욱 뜨거운 마음으로 기도합시다.
4. 한 주간의 삶을 통해서 오늘 배우고 익힌 내용들을 삶으로 살아갈 수 있도록 기도합시다.
5. 하나님의 은혜 가운데서 한 주를 살고, 다음 모임 시간에 모두가 모일 수 있도록 기도합시다.

＊사역자로서 이 과를 마치고 난 느낌이나 소감, 다짐 등을 간단하게
　말해 봅시다.

다음 모임을 위하여

1. 다음 주에 읽어야 할 성경말씀을 읽고 확인합시다.
2. 41과의 배울말씀인 디모데후서 3장 1-5절을 읽고 묵상합시다.

평가항목	세부사항	그렇다	그저 그렇다	아니다
인도자의 준비도	인도자는 본 과의 교육목적을 이룰 수 있도록 충분하게 준비했습니까?			
교육목표의 성취도	1. 학습자들은 자신의 잘못된 선입견과 고정관념을 버리고 순수한 마음으로 주님을 만날 준비가 되었습니까? 2. 학습자들이 예수에 대하여 지식적으로 아는 (know) 단계에서 체험적으로 아는(see) 단계로 발전하고자 결단하게 되었습니까?			
학습자의 참여도	학습자들이 진지하고 적극적인 태도로 성경공부에 임했습니까?			
성경공부의 분위기	성경공부를 하는 동안 학습자들이 편안한 분위기를 느낄 수 있었습니까?			
기타 보완할 점	기타 보완할 점이나 건의사항이 있습니까?			

성경 읽기표

읽을 범위		월 일 주일	월 일 월요일	월 일 화요일	월 일 수요일	월 일 목요일	월 일 금요일	월 일 토요일
	구약	주일은 설교말씀 묵상	겔 16~18장	겔 19~21장	겔 22~24장	겔 25~27장	겔 28~30장	겔 31~33장
	신약		마 7~9장	마 10~12장	마 13~15장	마 16~18장	마 19~21장	마 22~24장
확인								

MEMO

11단원
사역자는 세상에서 봉사합니다

단원 설명

11단원은 사역자는 세상을 위해서 봉사하는 사람임을 알게 한다. 사역자는 교회 안에서만이 아니라 교회 밖에서도 모범을 보이는 자다. 오늘날 교회가 영향력을 잃어가고 있는 까닭은 믿는 자들이 경건의 모양은 있지만 세상을 변화시키는 경건의 능력을 공동체 안팎에서 증거하지 못하기 때문이다. 모든 그리스도인은 세상 속에서 세상과 더불어 '함께' 살아가지만 세상과 '다르게' 살아야 하며, 특히나 사역자는 그렇게 살기를 스스로 결단함과 동시에 함께 믿음의 길을 가는 신자들을 격려하고 북돋워줄 수 있어야 한다. 이를 위해 사역자는 성령님의 인도하심을 따라 언행을 다스리고, 주변의 어려운 사람들을 돌보며, 스스로 구별된 삶을 살기 위해 씨름하는 노력 속에서 구체적인 삶의 모본을 보여야 한다. 예수님께서는 믿는 자들을 향해 세상의 소금이며, 세상의 빛이라 말씀하셨다(마 5:13-14). 여기서 소금과 빛의 '역할'을 강조할 수도 있지만, 이와 함께 다름 아닌 '세상'의 소금과 빛이라고 하신 말씀에도 유의할 필요가 있다. 우리의 경건의 능력이 이 세상 속에서 드러날 때 비로소 교회와 사역자가 세상을 위해 봉사하는 것이다. 우리 사회에는 무관심 속에 소외되어 힘들어 하는 이웃들이 있다. 그들은 주린 자, 목마른 자, 나그네 된 자, 헐벗은 자, 병든 자, 옥에 갇힌 자 등일 수 있다. 이들을 위해 교회와 사역자들이 부지런히 그들을 찾아 그들의 필요를 파악하여 교회를 통해 현실적으로 섬기고 봉사해야 한다. 이것이 진정 교회가 지극히 작은 이웃을 섬기는 모습이라 할 수 있다. 나아가 교회는 교회가 위치하고 있는 지역사회 속에서 하나님께 받은 사명이 있다. 주님의 몸된 교회는 그 지역사회의 필요를 위해 여러 기관들과 함께 노력하여 지역사회를 통해 그리스도의 사랑이 증거되게 함으로 성결한 지역사회를 이루어 가야 한다. 이것이 하나님께서 이웃을 사랑하라 명하신 일에 순종하는 것이다. 그렇게 사랑으로 이웃을 섬기고 지역사회를 위해 봉사하는 것이 이 땅 가운데에서 하나님의 나라를 이루어 가는, 세상의 소금과 빛이 되는 일이다. 그리고 사역자는 이 일에 충성해야 한다.

41

세상을 변화시키는 경건의 능력

배울말씀 디모데후서 3장 1-5절

도울말씀 창 49:1, 민 24:14, 사 2:2, 렘 23:20, 겔 38:16, 단 2:28, 행 2:17, 약 5:3, 갈 5:16, 딤전 4:7-8, 약 1:26-27

새길말씀 경건의 모양은 있으나 경건의 능력은 부인하니 이같은 자들에게서 네가 돌아서라 (딤후 3:5)

이룰 목표

① 사역자로서 지금의 시대적 특징과 죄악들에 대해 인식한다.

② 세상 속에서 사는 그리스도인으로서 세상을 변화시키는 능력이 무엇인지 깨닫는다.

③ 참된 경건의 삶을 통해 세상을 변화시키는 그리스도인의 삶을 산다.

교육흐름표

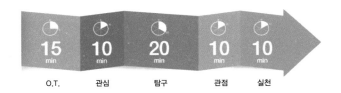

15 min	10 min	20 min	10 min	10 min
O.T.	관심	탐구	관점	실천

교육진행표

구분	오리엔테이션	관심갖기	탐구하기	관점바꾸기	실천하기
제목		한농부 이야기	말세의 때	션-정혜영 부부의 아름다운 기부	경건훈련 프로젝트
내용	환영 및 단원 개요 설명	믿음의 실천	경건의 삶	그리스도인의 실천	경건의 실천
방법	강의	경험 및 생각 나누기	성경 찾아 답하기	생각 나누기 및 성찰하기	표 작성하기 및 실천하기
준비물	출석부		성경책		
시간(65분)	15분	10분	20분	10분	10분

말씀과 주제이해

1. 말세에 나타나는 특징과 죄악들

구약에서 '말세'는 메시아가 오시기 바로 직전의 때를 의미했다(창 49:1, 민 24:14, 사 2:2, 렘 23:20, 겔 38:16, 단 2:28). 그런데 신약에서(행 2:17, 약 5:3) 일반적으로 말세는(1절) 그리스도의 성육신 이후의 시대, 즉 메시아의 도래에 대한 예언이 이루어진 시대로부터 그리스도의 재림으로 그 시대가 종료될 때까지를 의미한다. 말세에 사람들은 하나님이 계시지 않는 것처럼 온갖 죄악을 범한다. 그들은 무엇보다 자기를 사랑하고, 돈을 사랑하며, 쾌락을 사랑한다. 특별히 2절에서 '자기를 사랑하고 돈을 사랑하는' 죄악을 처음에 서술한 이유는 그것들이 다른 죄악의 뿌리가 된다고 보았기 때문이다. 그렇기에 자기를 사랑하고 돈을 사랑하는 자는 필연적으로 쾌락을 사랑하게 된다. 바울에 의하면 위와 같은 말세의 현상들은 모두 자기 욕심에서 출발하는 것이다. 즉, 사람들의 이기적인 욕심과 탐욕으로 인해 자기 자신에 집착하고, 재물에 집착하며, 쾌락에 집착하는 것이다. 말세에 사람들은 자기를 사랑하는 데 최선을 다한다. 다른 사람들은 단지 자기의 욕심을 채우기 위한 수단 또는 경쟁자일 뿐이다. 따라서 주위의 다른 사람을 돌아보지 못한다. 또한 재물을 축적하기 위해 온 힘을 기울인다. 재물을 얻을 수만 있다면 불법이나 잘못된 행동을 서슴지 않는다. 마지막으로 사람들은 몸과 마음을 즐겁게 하기 위해 온갖 방법을 동원한다. 이 쾌락주의는 우리 육체의 소욕을 이루고 성령의 소욕을 물리친다(갈 5:17). 이러한 자기 사랑, 재물 사랑, 쾌락 사랑에 집착하면 집착할수록 하나님과 점점 멀어지게 된다.

2. 경건의 모양만 있고 경건의 능력은 부인하는 자

비그리스도인과 구별되는 그리스도인의 가장 큰 특징은 '나 중심의 삶'이 아닌 '하나님 중심의 삶'을 사는 것이다. 그러나 경건의 모양만 있고 경건의 능력을 부인하는 자들은 이러한 삶을 살 수 없다. 경건의 모양만 있는 자들은 겉으로는 경건한 듯 종교적 외형과 행위를 갖추고 있지만, 예수 그리스도의 구원의 능력에 대한 믿음은 없는 자들을 지칭한다. 또한 '경건의 능력에 대한 부인'은 '복음'에 대해 올바른 지식을 갖지 못하고 그것을 거부하는 행위다. 따라서 이런 자들은 경건의 모양을 갖추고 예수를 믿는다고 자만하고 사람들 앞에서는 누구보다 경건한 척하지만, 실제로는 '말씀대로 살면 손해 볼 것'이라 생각하며 온갖 악독과 탐심으로 가득한 자기의 사상과 철학을 따라 산다. 이들에게 경건은 자기의 이익을 위해 필요한 것이고, 사람들에게 보이기 위한 겉치레에 불과한 것이다(딤전 6:4-5). 그리스도인 사역자는 세상 속에서 살면서도 그들에게 동화되어 그들과 같이 살아서는 안 된다. 즉, 그리스도인 사역자는 이런 사람들과 '함께' 살지만 이러한 사람들과 '다르게' 살아야 한다. 세상 속에서 살아가는 참된 그리스도인으로서 악한 사람들과 질이 다른 삶을 살면, 그것이 그들에게 말세를 경고하는 것이 된다. 또한 그러한 삶을 통해 나오는 능력으로 사람들을 변화시키고 이끌어갈 수 있다.

3. 세상을 변화시키는 참된 경건의 능력

경건에 대한 전통적 개념은 '정적이고 고요한 것'을 의미한다. 그런데 경건에 그런 요소가 없는 것은 아니지만 참된 경건이란 '동적이고 활기찬 것'이다. 경건은 세상 속에서의 삶과 인간관계에서 드러나는 그리스도인의 자세를 의미한다. 즉, 참된 경건은 그리스도인이 세상과 하나님 나라를 이원적으로 분리해서 생각하거나 사람을 세상에서 몰아내는 것이 아니라 세상에서 더 잘 살면서 자신들의 노력으로 세상이 변화되도록 자극하는 것이다. 과연 이 시대가 요구하는 경건한 그리스도인의 삶은 어떤 것인가?

첫째, 그것은 스스로 자기 혀를 잘 다스리고, 어려운 이웃을 돌아보는 삶을 살며, 세상 속에서 살면서도 세속에 물들거나 빠지지 않도록 자기의 인격과 마음과 생각을 지키는 구별된 삶을 사는 것이다(약 1:26-27).

둘째, 참된 경건은 어려운 사람을 돌보아주는 것이다. 야고보서가 쓰여질 당시 고아와 과부는 아주 비참한 생활을 하여서 누군가의 도움을 받지 않으면 살 수 없는 사람들이었다. 또한 도움을 받고 나서 보답할 수 있는 능력도 없는 자들이었다. 따라서 이런 자들을 돕는 것은 어떤 보상이나 대가를 바라지 않는 순수한 동기에서 하는 경건의 행위이다. 왜냐하면 사랑은 말과 혀로 하는 것이 아니라 행함과 진실함으로 하는 것이기 때문이다(요일 3:18).

셋째, 참된 경건은 세상 속에서 구별된 삶을 살아감으로 자신의 성결을 유지하는 것이다(롬 12:2). '세속'이라는 것은 '세상의 가치 체계'를 가리키는 말로, 세상의 도덕관 혹은 윤리 의식을 뜻한다. 자기중심주의, 물질만능주의, 쾌락주의 등이 팽배한 '타락한 세상'은 그리스도인들을 그러한 세속의 문화에 빠지게 하려고 여러 가지로 유혹한다. 그러나 하나님은 그리스도인들이 세상 속에 휩쓸리지 않고 거룩한 하나님의 백성으로 구별된 삶을 살기를 원하신다. 따라서 우리는 타락한 세상과 세속에 물들지 않고 우리 자신을 지키며, 우리 마음을 늘 하나님께로 집중해서 하나님의 말씀대로 순종하면서 살아가는 그리스도인이 되어야 한다. 또한 참된 경건의 삶을 살기 위해 언제나 성령을 좇아 행함으로 끊임없이 계속되는 육체적 유혹을 이겨야 하며(갈 5:16), 계속해서 경건에 이르기를 연습함으로 속사람이 날로 성장하여 성숙한 그리스도인의 인격과 삶으로 변화되도록 힘써야 한다(딤전 4:7-8).

평신도 제자 훈련 교재
관심갖기   한 농부 이야기

어느 시골 마을에 한 농부가 있었습니다. 그는 늘 떠벌리기를 좋아했습니다. 심지어 교회에서도 자기의 믿음이 제일 좋은 것처럼 으스댔습니다. 한 번은 그의 친구가 넌지시 그에게 물었습니다. "여보게, 만약 자네에게 소가 열 마리 있으면 그 가운데 한 마리를 하나님께 바칠 수 있겠는가?" 그는 당연한 듯이 대답했습니다. "물론이지! 소가 열 마리가 있으면 그 가운데 한 마리는 하나님께 십일조로 드려야지. 그러나 내게는 소가 한 마리도 없다네." 친구는 또 물었습니다. "그렇다면 자네에게 말이 열 마리가 있으면 그 가운데 한 마리를 하나님께 바칠 수가 있겠는가?" 그는 또 쉽게 대답했습니다.

"물론이지! 하나님이 원하시면 한 마리뿐만 아니고 열 마리라도 드려야지. 그러나 내게는 말이 한 마리도 없는 걸 어떻게 하겠나." 친구는 마지막으로 또 물었습니다. "그렇다면 자네에게 돼지 열 마리가 있으면 그 가운데 한 마리를 하나님께 바칠 수가 있겠는가?" 그러자 그 농부는 얼굴이 새빨개지더니 크게 역정을 냈습니다. "자네! 간밤에 우리 집 돼지가 새끼를 열 마리 낳은 것 어떻게 알았어?"

1. 위의 이야기에서 농부는 왜 친구에게 화를 냈을까요?

겉으로는 믿음이 좋은 척했지만 실제로는 하나님께 자기 것을 바칠 생각이 없었기 때문이다. 그는 친구 때문에 자기의 돼지를 하나님께 바치게 될 상황을 생각하니 기분이 나빠진 것이다.

지금 내가 가지고 있는 돼지 열 마리 중에서 한 마리를 하나님께 제대로 드리지 못하는 사람이 앞으로 소나 말이 생긴다고 해서 어떻게 그것을 하나님께 드릴 수가 있겠는가? 이처럼 농부는 말로만 큰소리를 치고 정작 하나님께 드릴 믿음은 없는 사람이다. 스펄전 목사는 이러한 위선적 신앙을 "그것은 마치 연극배우가 왕의 복장으로 분장하여 무대 위를 늠름히 거닐다가 연극이 끝난 후에는 평복으로 갈아입고 가난한 자신의 삶으로 돌아가 부끄러움을 느끼는 것과 같다."라고 비유하여 설교했다. 이처럼 위선적 신앙인은 말과 행동이 일치하지 않을 뿐더러 남에게 보이기 위해 선을 행하며, 내적인 면은 소홀히 하고 외적인 면에 더 관심을 쏟는 사람이다. 또한 이런 사람은 남에 대해서는 신랄할 만큼 비판적이지만 자신에 대해서는 지나치리만큼 관대하다. 이처럼 하나님의 말씀을 듣고 알기는 하지만 행하지 않는 자는 자신을 속이는 자다(약 1:22). 또한 이러한 위선적인 신앙은 아무리 경건한 외모와 말투로 신앙의 빛 좋은 허울을 쓰고 있어도 경건의 모양만 있을 뿐 경건의 능력은 없는 거짓된 믿음과 거짓된 삶을 만들어낸다.

2. 주변의 신앙인 중에서 위의 농부와 같은 사람을 보면 어떤 생각이 드십니까?

각자의 생각이나 경험을 나누어본다.

이러한 모습을 좋아할 사람은 아무도 없다. 신앙인이 아니더라도 말과 행실이 다른 사람은 존경과 사랑을 받을 수 없다. 말과 행동이 일치하는 사람만 신뢰를 얻을 수 있다. 신뢰를 얻는 것이 모든 인간관계의 기초다. 하나님과의 관계에 있어서도 마찬가지다.

평신도 제자 훈련 교재
탐구하기   말세의 때

배울말씀인 디모데후서 3장 1-5절을 읽고 주어진 질문에 답해 봅시다.

1. 말세에 사람들이 사랑하는 세 가지 대상은 무엇입니까? (2,4절)

  1) 자기를 사랑함
  2) 돈을 사랑함
  3) 쾌락을 사랑함

  구약에서 '말세'는 메시아가 오시기 바로 직전의 때를 의미했다(창 49:1, 민 24:14, 사 2:2, 렘 23:20, 겔 38:16, 단 2:28). 그러나 신약에서(행 2:17, 약 5:3) 말세는(1절) 그리스도의 성육신 이후의 시대, 즉 메시아의 도래에 대한 예언이 이루어진 시대로부터 그리스도의 재림으로 그 시대가 종료될 때까지를 의미한다. 바울에 의하면 위와 같은 말세의 현상들은 모두 자기 욕심에서 출발하는 것이다. 즉, 사람들의 이기적인 욕심과 탐욕이 자기 자신에 집착하고, 재물에 집착하며, 쾌락에 집착하게 하는 것이다. 말세에 사람들은 자기를 사랑하는 데 최선을 다한다. 다른 사람들은 자기의 욕심을 채우기 위한 수단 또는 경쟁자일 뿐이다. 따라서 주위의 다른 사람을 돌아보지 못한다. 또한 재물을 축적하기 위해 온 힘을 기울인다. 재물을 얻을 수만 있다면 불법이나 잘못된 행동을 서슴지 않는다. 마지막으로 사람들은 몸과 마음을 즐겁게 하기 위해 온갖 방법을 동원한다. 이 쾌락주의는 우리 육체의 소욕을 이루고 성령의 소욕을 물리친다(갈 5:17). 그러나 이러한 자기사랑, 재물사랑, 쾌락사랑에 집착하면 집착할수록 하나님과 점점 멀어지게 된다.

2. 다음의 표는 말세에 사람들에게서 나타나는 도덕적·영적 타락의 모습들을 세 가지 관계에서 정리한 것입니다. 배울말씀을 통해 빈칸을 채워봅시다.

관계	현상	구체적인 모습
자신과의 관계	자기중심적인 현상	자기사랑, 돈을 사랑함, 자랑함, 교만함, 거룩하지 않음, 절제가 없음, 선한 것을 좋아하지 않음, 조급함, 자만함
타인과의 관계	타인 경시현상	비방함, 부모를 거역함, 감사하지 않음, 무정함, 원통함을 풀지 않음, 모함함, 사나움, 배신함
하나님과의 관계	신성모독적인 현상	하나님보다 쾌락을 더 사랑함

바울은 디모데에게 말세에 사람들의 삶 속에서 나타나는 도덕적·영적 타락의 모습들을 구체적으로 예를 들면서 그들에게서 돌아서라고 권면한다. 바울이 '자기 사랑'과 '돈을 사랑함'을 처음 열거한 것은 그것들이 다른 죄악의 뿌리가 된다고 보았기 때문이다. '자기를 사랑하는 자'는 그리스도와의 교제가 단절된 자이고(눅 14:26) '돈을 사랑함'은 모든 악의 근원이 된다(딤전 6:10). '자긍하며'는 '자랑하는'이라는 뜻으로, 시골에서 효과없는 약을 선전하며 뽐내는 돌팔이를 설명할 때 쓰는 말이

었다. '교만하며'는 '거만한' 것을 의미하고 '훼방하며'는 언어생활에서 하나님과 이웃의 권위를 무시하고 모욕한다는 의미다(딤전 6:4). '거룩하지 아니하며'는 하나님의 주권과 영광을 생각지 않고 행동하는 것을 말한다(딤전 1:9). '무정하며'는 부모와 자식 간에 가장 원초적이고 본능적인 애정마저도 결핍되어 있는 상태를 의미한다(롬 1:31). '참소하며'는 거짓되고 추악한 말과 행동을 일삼는 것으로, '중상하는' 혹은 '욕하는'을 의미한다(딤 3:11, 딛 2:3). '절제하지 못하며'는 '감정이나 생리적 욕망을 다스리지 못하는 것'을 의미한다. '배반하여 팔며'는 자신의 이익을 위해 친구를 저버리는 행위다(눅 6:16, 요 13:21, 행 7:52). '조급하며'는 '말과 행동이 경솔하여 분별력 없이 서두르는 행위'를 가리킨다(행 19:36). '자고하며'는 '자기중심', '자만' 혹은 '허세'를 뜻한다(딤전 3:6;6:4).

3. 도덕적·영적 타락이 날로 심각해지는 말세의 시대를 살아가는 그리스도인들에게 주는 경고의 메시지는 "경건의 모양만 있고 경건의 능력은 부인하는 자들에게서 돌아서라"(5절)는 것입니다. 이 말이 무엇을 의미한다고 생각하십니까?

각자의 생각을 나누어본다. 그리스도인은 세상 속에서 세상의 가치관을 가지고 살아가는 사람들과 '함께' 살지만 이러한 사람들과 '다르게' 살아야 한다.

비그리스도인과 구별되는 그리스도인의 가장 큰 특징은 '나 중심의 삶'이 아닌 '하나님 중심적인 삶'을 사는 것이다. 그러나 경건의 모양만 있고 경건의 능력을 부인하는 자들은 이러한 삶을 살 수 없다. 경건의 모양만 있는 자들은 겉으로는 경건한 듯 종교적 외형과 행위를 갖추고 있지만, 예수 그리스도의 구원의 능력에 대한 믿음은 없는 자들을 지칭한다. 따라서 이런 자들은 경건의 모양을 갖추고 예수를 믿는다고 자만하고, 사람들 앞에서는 누구보다 경건한 척하지만 실제로는 '말씀대로 살면 손해볼 것'이라고 생각하며 온갖 탐심으로 가득한 자기의 사상과 철학을 따라 사는 자들이다. 이들에게 경건은 자기의 이익을 위해 필요한 것이고, 사람들에게 보이기 위한 겉치레에 불과한 것이다(딤전 6:4-5). 따라서 바울은 이런 사람들에게서 돌아서라고 당부한다(5절). 그리스도인 사역자도 마찬가지다. 그리스도인 사역자는 세상 속에서 살면서 이런 사람들과 '함께' 살지만 이러한 사람들과 '다르게' 살아야 한다. 그리스도인 사역자가 세상 속에서 살아가는 참된 그리스도인으로서 악한 사람들과 질이 다른 삶을 살면, 그것이 그들에게 말세를 경고하는 것이 된다. 또한 그러한 삶을 통해 나오는 능력으로 사람들을 변화시키고 이끌어갈 수 있다.

4. 이 시대가 요구하는 그리스도인은 경건의 모양만 있는 신자가 아니라 경건의 능력이 있는 사람입니다. 그렇다면 이 시대를 살아가는 그리스도인으로서 세상 속에서 보여주어야 할 능력 있는 참된 경건의 삶은 어떤 것일까요? 야고보서 1장 26-27절을 새번역으로 읽고 정리해 봅시다.

> 누가 스스로 경건하다고 생각하면서도, 혀를 다스리지 않고 자기 마음을 속이면, 이 사람의 신앙은 헛된 것입니다. 하나님 아버지께서 보시기에 깨끗하고 흠이 없는 경건은, 고난을 겪고 있는 고아들과 과부들을 돌보아주며, 자기를 지켜서 세속에 물들지 않게 하는 것입니다.
>
> 〈약 1:26-27, 새번역〉

1) 언어생활 – 혀를 잘 다스리는 것
2) 물질생활 – 어려운 이웃을 돌아보는 삶
3) 사회생활 – 세상 속에 살면서도 세속에 물들거나 빠지지 않도록 자기의 인격과 마음과 생각을 지키는 구별된 삶

모름지기 경건의 첫걸음은 말조심하는 데 있다. 언어의 통제력이 없는 경건은 헛된 경건이다(잠 10:19, 약 3: 6). 우리는 하나님과 사람 앞에서 가급적이면 말을 아끼고 조심해야 한다(민 14:28, 잠 21:23). 또한 성령의 도움을 받아 부정적인 말이나 불평과 원망의 말보다는 은혜로운 말, 덕스러운 말, 따뜻한 마음으로 다른 사람

을 배려하는 말을 해야 한다. 성경은 "무릇 더러운 말은 너희 입 밖에도 내지 말고 오직 덕을 세우는 데 소용되는 대로 선한 말을 하여 듣는 자들에게 은혜를 끼치게 하라"(엡 4:29)고 가르친다.

둘째, 참된 경건은 어려운 사람을 돌보아주는 것이다. 야고보서가 쓰여질 당시 고아와 과부는 아주 비참한 생활을 하였고, 돌봐 줄 사람이 없을 경우 대부분 노예로 팔렸다. 따라서 그들은 누군가의 도움을 받지 않으면 살 수 없는 사람들이었고, 도움을 받는다 할지라도 보답할 능력도 없는 자들이었다. 따라서 이런 자들을 돕는 것은 어떤 보상이나 대가를 바라지 않는 순수한 동기에서 하는 경건의 행위다. 왜냐하면 사랑은 말과 혀로 하는 것이 아니라 행함과 진실함으로 하는 것이기 때문이다(요일 3:18).

셋째, 참된 경건은 세상 속에서 구별된 삶을 통해 자신의 성결을 유지하는 것이다(롬 12:2). '세속'이라는 것은 '세상의 가치 체계'를 가리키는 말로서, 세상의 도덕관 혹은 윤리의식을 뜻한다. 자기중심주의, 물질만능주의, 쾌락주의 등의 팽배로 인해 타락한 세상은 그리스도인들을 그러한 세속의 문화에 빠지게 하려고 여러 가지로 유혹한다. 그러나 하나님은 그리스도인들이 그러한 세상 속에 휩쓸리지 않고 거룩한 하나님의 백성으로 구별된 삶을 살기를 원하신다.

5. 세속에 물들거나 흔들리지 않고, 온전한 그리스도인의 삶을 산다는 것이 그리 쉬운 일은 아닙니다. 그렇다면 세상 속에서 세상을 변화시키는 능력 있는 경건의 삶을 살기 위해서 우리는 어떻게 노력해야 합니까? 주어진 성경말씀을 읽고 정리해 봅시다.

> 저속하고 헛된 꾸며낸 이야기들을 물리치십시오. 경건함에 이르도록 몸을 훈련하십시오. 몸의 훈련은 약간의 유익이 있으나, 경건 훈련은 모든 면에 유익하니, 이 세상과 장차 올 세상의 생명을 약속해 줍니다.
>
> 〈딤전 4:7-8, 새번역〉

성령의 인도하심대로 살아야 한다. 경건함에 이를 수 있도록 훈련해야 한다.

육체적 욕심은 성령과 대립되는 것으로, 이 세상의 모든 죄악과 타락은 이러한 육체적 욕심에서부터 출발하는 것이다. 성령과 육체는 서로 정반대이므로 참된 경건의 삶은 성령을 좇아 행할 때 가능하다. 왜냐하면 인간은 육체 가운데 있을 때 자신이 옳은 것으로 아는 것을 행하지 못하며, 오직 성령 가운데 있을 때에만 그것을 할 수 있기 때문이다. 성령의 인도하심을 따라 살지 않는 사람은 끊임없이 계속되는 육체적 욕심과 유혹에 넘어갈 수밖에 없다. 한편, 경건의 연습은 육체의 연단과 비교할 수 없는 큰 유익을 준다. 이에 바울은 경건에 이르기를 연습하라고 하였다. 여기서 '연습하다'는 말의 헬라어 의미는 신체나 어떤 부분을 집중적으로 훈련한다는 뜻이다. 바울이 경건에 이르는 연습을 하라고 교훈할 때 이 용어를 사용한 까닭은 경건은 오랜 시간에 걸쳐 훈련해야 한다는 것을 의미하기 위해서다. 결국 하나님 중심적인 삶을 살기 위해서는 오랜 시간 훈련이 필요하며, 이러한 경건의 연습을 통해 속사람이 날로 성장하여 성숙한 그리스도인의 인격과 삶으로 변화될 것이다.

평신도제자훈련교재
관점바꾸기   션–정혜영 부부의 아름다운 기부

아래의 글을 읽고 주어진 질문에 답해 봅시다.

> 인기 연예인인 션과 정혜영 부부가 첫째에 이어 둘째 아기의 돌잔치 비용을 어린이병원에 쾌척했습니다. 션–정혜영 부부는 둘째 하랑(아들·1)이의 이름으로 서울대학교 어린이병원에 2,000만원을 전달했습니다. 둘째 하랑이의 돌잔치는 병원 관계자들과 함께한 축하 자리로 대신했습니다. 션–정혜영 부부는 첫째 하음(딸·3)이의 돌잔치 때에도 서울대학교 어린이병원에 2,000만원을 기부한 바 있습니다.

션은 자신의 미니홈피를 통해 "하랑이 돌잔치를 준비하면서 하음이 때처럼 어린이들의 수술을 도와주기로 결심했다."라며 "하음이 때처럼 매달 일정한 금액을 모았다."라고 말했습니다. 이번 기부는 생각만큼 쉽지 않았습니다. 지인들만이라도 불러서 소박한 돌잔치라도 열어볼까 고민했기 때문입니다. 하지만 둘은 작은 욕심마저도 버리고 다른 사람들에게 기쁨을 나눠주기로 결심했습니다. 션-정혜영 가정이 기부한 금액은 어려운 환경에 처한 어린이들의 수술 및 병원비용으로 사용되었습니다.

이들 부부는 지난 2주년 결혼 기념일에도 의미 있는 기부를 하였습니다. 결식자들에게 식사를 제공하는 '밥퍼 나눔 운동'에 365만원을 기부한 것입니다. 이들이 기부한 365만원은 이들이 1년간 하루에 1만원씩 365일 동안 모은 것입니다. 이들은 지난해 결혼 1주년에도 같은 방법으로 365만원을 기부한 바 있습니다. 이들 부부는 정혜영 씨가 임신 중 출연한 드라마에서 받은 출연료 중 일부를 결식아동들을 위해 기부하기도 하고, 장애우를 위한 자선 패션쇼에 출연료 없이 참여하기도 했습니다. 정씨는 이를 모두 '신앙의 힘'이라 표현하여 사람들에게 잔잔한 감동을 주었습니다.

〈국민일보 기사 재인용〉

1. 위의 이야기의 주인공인 션-정혜영 부부는 '기부천사'라 불리며 아름다운 선행과 경건한 삶을 실천하고 있는 그리스도인입니다. 오늘 성경 본문에서 제시한 말세의 사람들의 삶과 이들 부부의 삶은 어떤 점이 다릅니까?

각자의 생각을 나누어본다.

션-정혜영 부부는 하루에 1만원씩 365일 동안 모아서 밥퍼 나눔 운동에 기부하고, 결혼기념일, 자녀의 돌잔치 비용을 자선단체나 어려운 사람을 위해 기부한다. 그리고 자녀와 함께 무료 급식소, 보육원, 장애우기관 등에 찾아가 자원봉사도 한다. 우리는 이들의 모습을 통해 물질에 대한 집착과 욕심을 부리지 않고, 자신보다 어려운 이웃을 위해 기꺼이 베풀고 나누는 삶을 사는 참다운 신앙인의 모습을 볼 수 있다.

2. 말세의 시대를 살아가는 그리스도인으로서 참된 경건을 실천하며 살기 위해 자신이 반성하고 결단해야 할 부분이 있다면 무엇입니까?

각자의 생각을 나누어본다.

악하고 타락한 말세의 시대를 살아가는 그리스도인들은 다음과 같이 자기 반성과 결단을 해야 한다. 물질에 대한 소유욕을 버리고 자족하는 삶을 살아야 한다. 옳다고 생각만 하고 실천하지 못하는 소극성을 극복해야 한다. 말씀대로 살지 못하는 죄책감에서 벗어나야 한다. 경건에 대한 잘못된 인식과 오해 등을 깨닫고 올바른 경건 생활을 하도록 노력해야 한다.

평신도 제자 훈련 교재
실천하기   경건훈련 프로젝트

옛날 이스라엘에서는 경건한 사람들이 늘 말씀을 묵상하고 기도하는 자세로 길을 걸어 다니다가 나무에 이마를 부딪혀 피를 흘린 경우가 있었습니다. 그래서 처음에는 이마에 피가 흐르는 사람을 보면 경건한 사람이라고 했습니다. 그런데 나중에는 바리새인들이 이 말을 듣고 싶어서 아예 집에서 나올 때 자신의 이마를 벽에 찧어 피를 흘리며 나왔다고 합니다. 그들의 경건은 남에게 보이기 위한 외식적인 행위일 뿐이었습니다.

세상을 변화시키는 능력 있는 참된 경건의 삶을 살기 위한 실천사항들을 아래의 표에 적고, 한 주간 동안 실천해 봅시다.

		실천사항

**참된
경건의 삶**
	**언어생활
	(말조심)**
		거짓말, 상처 주는 말, 험담하는 말 하지 않기
		긍정적이고 격려하는 말 쓰기
		  -사랑합니다.
		  -감사합니다.
		  -미안합니다.
		  -내 탓입니다.
		  -잘될 겁니다.
		  -축복합니다.

	물질생활 (이웃사랑)	정기적으로 선교헌금, 구제헌금 드리기 틈틈이 모은 돈을 자선단체에 기부하기 매달 일정금액을 들여 전 세계의 어려운 이웃을 후원하기 교회 혹은 사회기관에서 운영하는 봉사활동에 참여하기
	사회생활 (구별된 삶)	도박, 음주, 담배 등 옛 습관을 버리기 불법이나 탐욕을 버리고 정직하고 겸손하게 살기 도덕적영적 타락과 쾌락의 유혹에 빠지지 않기 그리스도인임을 당당하게 보여주기

함께 읽어봅시다

가던 길을 멈추고 손을 내미는 이에게
주머니 속 동전을 꺼내주고 싶지만 왠지 멋쩍을 때가 있다.
마음은 있어도 혼자서 보육원이나 양로원을 찾아가기란 어려운 일이다.
나눔에도 연습이 필요하다.
작은 것부터 조금씩 나누는 연습을 해봐야 더 큰 것도 나눌 수 있다.

– 여훈의《오늘보다 더 나은 내일을 위한 최고의 선물》중에서 –

새길말씀 외우기

경건의 모양은 있으나 경건의 능력은 부인하니 이같은 자들에게서 네가 돌아서라 (딤후 3:5)

다함께 드리는 기도

1. 오늘 배운 말씀과 내용을 생각하며 다함께 기도하는 시간을 갖도록 합시다.
2. 오늘 참석한 구성원들을 위해서 이름을 불러 가며 중보의 기도를 합시다.
3. 오늘 참석하지 못한 구성원이 있으면 그 사람을 위해 더욱 뜨거운 마음으로 기도합시다.
4. 한 주간의 삶을 통해서 오늘 배우고 익힌 내용들을 삶으로 살아갈 수 있도록 기도합시다.
5. 하나님의 은혜 가운데서 한 주를 살고, 다음 모임 시간에 모두가 모일 수 있도록 기도합시다.

＊사역자로서 이 과를 마치고 난 느낌이나 소감, 다짐 등을 간단하게 말해 봅시다.

다음 모임을 위하여

1. 다음 주에 읽어야 할 성경말씀을 읽고 확인합시다.
2. 42과의 배울말씀인 마태복음 5장 13-16절을 읽고 묵상합시다.

평신도제자훈련교재

평가하기

평가항목	세부사항	그렇다	그저 그렇다	아니다
인도자의 준비도	인도자는 본 과의 교육목적을 이룰 수 있도록 충분하게 준비했습니까?			
교육목표의 성취도	1. 학습자들은 자신의 잘못된 선입견과 고정관념을 버리고 순수한 마음으로 주님을 만날 준비가 되었습니까? 2. 학습자들이 예수에 대하여 지식적으로 아는(know) 단계에서 체험적으로 아는(see) 단계로 발전하고자 결단하게 되었습니까?			
학습자의 참여도	학습자들이 진지하고 적극적인 태도로 성경공부에 임했습니까?			
성경공부의 분위기	성경공부를 하는 동안 학습자들이 편안한 분위기를 느낄 수 있었습니까?			
기타 보완할 점	기타 보완할 점이나 건의사항이 있습니까?			

성경 읽기표

읽을 범위		월 일 주일	월 일 월요일	월 일 화요일	월 일 수요일	월 일 목요일	월 일 금요일	월 일 토요일
	구약	주일은 설교말씀 묵상	겔 34~36장	겔 37~39장	겔 40~42장	겔 43~45장	겔 46~48장	단 1~3장
	신약		마 25~28장	막 1~3장	막 4~6장	막 7~9장	막 10~12장	막 13~16장
확인								

42
평신도 제자훈련교재

세상의 소금과 빛

배울말씀   마태복음 5장 13-16절

도울말씀   출 30:35, 레 2:13, 민 18:19, 요 3:20, 시 27:1, 요일 1:5, 요 8:12, 롬 2:19,
                 요 8:12, 빌 2:15

새길말씀   너희는 세상의 소금이니 소금이 만일 그 맛을 잃으면 무엇으로 짜게 하리요 후에는
                 아무 쓸 데 없어 다만 밖에 버려져 사람에게 밟힐 뿐이니라 (마 5:13)

이룰 목표

① 소금과 빛의 역할이 무엇인지 안다.

② 사역자로서 소금과 빛 된 삶을 살기 위해 어떻게 해야 하는지 깨닫는다.

③ 사역자답게 소금과 빛의 직분을 감당하며 살기로 결단하고 실천한다.

교육흐름표

15 min	10 min	20 min	15 min	15 min
O.T.	관심	탐구	관점	실천

교육진행표

구분	오리엔테이션	관심갖기	탐구하기	관점바꾸기	실천하기
제목		예수 믿는 사람이 보여줄 수 있는 것	세상의 소금과 빛	우리 교회 오집사	소금과 빛이 되어
내용	환영 및 개요 설명	그리스도인의 표식	그리스도인의 삶	그리스도인의 모범	소금과 빛의 실천
방법	강의	생각 나누기	성경 찾아 답하기	경험 및 생각 나누기	표 작성하기 및 실천하기
준비물	출석부		성경책		
시간(75분)	15분	10분	20분	15분	15분

1. 세상의 소금

구약시대에 소금은 인내와 순결과 부패 방지를 상징했다. 실제로 소금은 거룩한 제사에 사용되었고(출 30:35, 레 2:13), 신생아의 소독제(겔 16:4)로 사용되었다. 또한 소금은 부패를 방지하고 그 맛이 변하지 않는다는 점에서 하나님의 영원한 언약의 상징으로도 사용되었다(민 18:19). 이 외에도 소금은 사람들의 생활 속에서 없어서는 안 될 중요한 역할을 한다. 즉, 소금은 음식이 변질되거나 부패하는 것을 막아준다. 바닷물이 항상 변질되지 않고 신선함을 유지하는 것도 0.4%의 염분 때문이다. 그래서 바다에 육지의 오염된 더러운 물을 흘려보내도 그것을 다 정화해내며, 결코 썩지 않는다. 또한 소금은 음식의 맛을 내는 데 없어서는 안 되는 중요한 조미료다. 제 아무리 좋은 재료를 사용하고 음식솜씨가 좋은 사람도 소금이 없으면 음식의 맛을 제대로 낼 수 없다.

'소금이 그 맛을 잃으면(13절)'의 의미는 그리스도인들이 세상 사람들과 구별된 삶을 살지 못함을 뜻한다. 또한 '밖에 버리워… 밟힐 뿐이니라(13절)'는 말에는 경멸의 의미가 담겨있다. 따라서 그리스도인이 맛 잃은 소금과 같이 이 세상에서 그 존재의 가치에 합당한 삶을 살지 못하면 세상 사람들로부터 경멸과 조소의 대상이 된다. 한편 '무엇으로 짜게 하리요?'라는 질문은 어떤 구체적인 답을 듣기 위한 물음이 아니다. 여기에서 말하는 요점은 (1) 예수의 제자들이 천국의 규범에 따름으로써 세상에서 방부제로 행동하여야 하고, (2) 도덕적 기준이 저급하고, 끊임없이 변경되거나, 기준 자체가 존재하지 않는 이 세상 속에서 순결함의 상징과 소독제, 그리고 살맛나는 세상을 만드는 조미료의 역할을 해야 한다는 것이다. 이러한 역할을 감당하기 위해서는 소금이 물에 녹거나 다른 음식에 섞여 그 형체가 없어지는 것과 같이 희생이 필요하다. 즉, 소금의 역할과 가치는 자신을 희생할 때 비로소 나타나는 것이다(막 9:49). 이와 같이 우리가 살아가는 세상에도 소금과 같은 그리스도인이 필요하다. 소돔과 고모라가 멸망한 것은 소금의 역할을 할 의인이 없었기 때문이다. 주님은 자기 자신만을 생각하는 이기주의와 자기중심주의가 만연해 있는 오늘날의 세상 속에서 살아가는 그리스도인들에게 소금과 같은 희생을 요구하신다. 따라서 이러한 희생에 대한 결단이 없으면 예수님의 참된 제자가 될 수 없다.

2. 세상의 빛

빛이 없으면 천지는 암흑의 세계요 모든 생물체가 살아갈 수 없다. 빛이 있기에 광합성이 일어나서 곡식과 영양소를 만든다. 빛이 없는 세상은 상상도 할 수 없다. 빛은 감추어져 있는 것들을 드러나게 하고, 빛을 받은 물체를 더욱 돋보이고 아름답게 보이게 한다. 범죄자들이 빛을 좋아하지 않는 까닭은 어둠속에 감추어진 자신들의 죄악이 빛에서는 드러나기 때문이다(요 3:20). 또한 빛은 어두움과 공포를 몰아내고, 어둠 속에 있는 사람에게 큰 위로를 주며, 길을 인도하는 안내자의 역할과 죄를 벌하는 역할을 한다. 불경건한 사람들이 경건한 그리스도인들을 참을 수 없는 이유는 그들로 인하여 자신들이 처벌을 받는 것처럼 느껴지기 때문이다. 등불이 도시를 안전하게 해주고 여러 가지 범죄를 막는 데 기여하듯이 그리스도인들이 충분한 숫자로 주변에 영향을 미치게 된다면 죄를 억제하게 될 것이다.

한편, 빛은 보편적으로 사용되는 종교적 상징이다. 성경에서 빛은 부정함에 대조되는 순수함, 거짓이나 무지와 대조되는 진리와 지식, 하나님에게 버림받은 자들에 대조되는 하나님의 계시와 임재를 상징하는 경우가 자주 있었다. 또한 빛은 '하나님'(시 27:1, 요일 1:5), 또는 '예수 그리스도'를 상징하며(요 8:12), 예수님께서는 자신을 따르는 제자들을 '세상의 빛'이라 부르셨다(14절). 비록 유대인들은 자기들이 세상의 빛이라고 생각하였지만(롬 2:19) 진정한 빛은 선지자들이 예언한 바 고난 받는 종 한 분뿐이다(사 42:6; 49:6). 예수님은 세상의 빛으로 이 땅에 오셔서 죄와 어둠 속에 있는 인간들을 구원하셨으며, 당신을 따르는 자들에게 생명의 빛을 얻게 하셨다

(요 8:12, 빌 2:15). 따라서 그리스도인은 빛의 자녀로서 삶 속에서 그리스도의 생명의 빛을 드러내며 죄로 어두워진 세상을 밝게 비추며 살아가야 한다(엡 5:8, 살전 5:5). 빛을 등경 위에 두면 빛이 멀리 비치지만, 빛을 말 아래 두면 빛이 차단되어 비치지 못하는 것을 의미한다(15절). 이에 대해 본회퍼(Bonhoeffer)는 "보이지 않는 곳으로 도피하는 것은 부르심의 거부다. 보이지 않게 숨으려는 예수의 공동체는 예수를 따르는 것이 아니다."라고 하였다. 따라서 말세가 가까워지고 시대가 어두워질수록 그리스도인은 세상의 빛으로서 그리스도의 생명의 빛을 드러내야 한다. 만약 그리스도인이 세상의 빛으로서 빛을 드러내는 삶을 살지 않는다면 하나님께 영광을 돌릴 수 없다. 그것은 곧 쓸모가 없어 길가에 버려진 맛 없은 소금과 같다.

3. 세상의 소금과 빛 된 삶

예수님은 그리스도인을 죄악된 세상과 이별하고 교회 안에서만 살라고 부르지 않으셨다. 우리는 '교회의' 소금과 빛이 아니라 '세상의' 소금과 빛인 것이다. 곧 그리스도인에게는 정치, 경제, 사회, 문화 등 세상의 각 분야가 하나님 보시기에 보다 따뜻하고 밝아질 수 있도록 땀 흘려야 할 사명이 있다. 이를 위해 먼저 우리는 소금의 사명을 감당해야 한다. 그것은 그리스도인의 내적인 특성을 나타낸다. 즉, 그리스도인은 세상 속에서 살면서도 믿지 않는 자들과는 다른 삶, 즉 거룩하고 성결한 삶을 살아감으로써 깨끗함과 순결함의 상징이 되고, 우리 사회의 부패를 막는 제동장치가 되며, 삶의 활력소로서의 역할을 다하여 살맛나는 세상이 될 수 있도록 노력해야 한다. 또한 그리스도인은 더욱 적극적으로 빛의 사명을 감당해야 한다. '소금'(13절)이 부패를 늦추는 소극적인 역할을 하고 제자들이 세상을 따라가거나 타협하게 될 위험에 대하여 경고하고 있는 것이라면, '빛'(14-16절)은 죄로 어두운 세상을 비추는 적극적인 면을 말한다. 예수님의 제자들은 선한 행실로 어두운 세상을 밝게 하고, 구원의 길을 발견하게 하며, 세상 사람들로 하여금 하나님께 영광을 돌리게 해야 한다(고후 4:6, 벧전 2:12). 빛의 자녀의 삶속에는 빛의 열매로 나타나는 모든 착함과 의로움과 진실함이 보여야 하고(엡 5:9, 빌 2:15), 형제를 사랑하며(요일 2:9-11), 빛의 전달자들로 주님께 받은 비밀한 것들을 빛 가운데 선포해야 한다(마 10:27, 눅 12:3). 반면, 빛의 자녀가 하지 말아야 될 것들은 '방탕하거나 술 취하지 말며 음란하거나 호색하지 말며 다투거나 시기하지 말고 정욕을 위하여 육신의 일을 도모하지(롬 13:12-14) 않는 것'이다. 말세가 가까워지고 시대가 어두워질수록 그 생명의 빛이 그리스도인의 삶속에서 더욱 빛나야 한다. 그리고 모든 사람들에게 그 빛을 밝게 비추어 이 시대의 어두움을 몰아내야 한다. 우리의 신분이 빛이기 때문에 우리의 행실은 선행뿐 아니라 악행도 결코 감추어지지 않을 것이며, 소금이기 때문에 그 맛을 잃으면 매몰찬 대우를 받을 수밖에 없다는 점을 잊어서는 안 된다.

평신도제자훈련교재
관심갖기　　　　예수 믿는 사람이 보여줄 수 있는 것

아래의 글을 읽고 주어진 질문에 답해 봅시다.

> 　　예수 믿는 사람들이 세상 사람들에게 보여줄 수 있는 것은 술 안 마시고, 담배 안 피우고, 일요일에 교회를 가는 것, 그리고 그 외에 무엇이 있습니까? 술 안 마시고, 담배 안 피우고, 일요일에 교회를 가는 것 외에 세상 사람들에게 예수 믿는 증거로 보여줄 수 있는 것이 별로 없는 것 같아 슬퍼집니다. 아주 가끔 예수 믿는다는 증거로 식사시간에 기도하는 사람을 볼 수 있을 뿐입니다. 예수 믿기 때문에 거짓말을 안 하고, 예수 믿기 때문에 남 흉 안 보고, 예수 믿기 때문에 뇌물 안 받고, 예수 믿기 때문에 질서를 잘 지키고, 예수 믿기 때문에 남을 속이지 않고, 예수 믿기 때문에 양보 잘하고, 예수 믿기 때문에 인심 후하고, 예수 믿기 때문에 좀 너그럽고, 융통성 있고, 손해도 좀 보고, 따뜻하고, 부드럽고, 그래야 되는 것 아닙니까? 예수 믿는

다고 하면서 어째 세상 사람들보다도 못한 고약한 사람들이 되어 가는지 모르겠네요.

최용우

1. 교회 밖에 있는 당신 주변의 사람들(직장, 동네 등)이 당신이 그리스도인인 것을 알고 있습니까?

각자의 이야기를 나눈다.

2. 당신이 예수님을 믿고 따르는 그리스도인이라는 사실을 세상 사람들에게 어떻게 보여줄 수 있습니까?

하나님의 말씀대로 이 세상을 살아가는 삶의 모습을 통해서

그리스도인으로 살아간다는 것은 자기 자동차 뒤에 'God is Love'라는 스티커를 붙이거나 십자가 목걸이를 목에 걸고 다닌다고 저절로 되는 것이 아니다. 또한 주일에 교회에 가서 예배를 드리는 것만으로 그 사람이 진정으로 그리스도인의 삶을 살고 있다고 말할 수도 없다. 진정한 그리스도인의 모습은 그가 살아가는 삶의 모습을 통해서 증명되어야 한다. 즉, 온전한 그리스도인의 삶에 대한 하나님의 뜻을 깨닫고 하나님이 원하시는 삶의 방식대로 살아갈 때 비로소 진정한 그리스도인으로 살아간다고 말할 수 있다.

배울말씀인 마태복음 5장 13-16절을 읽고 주어진 질문에 답해 봅시다.

1. 예수님은 소금이 어떤 역할을 한다고 말씀하십니까? (13절) 그리고 일반적으로 소금은 어떤 역할을 합니까?

　　1) 방부제 역할–음식이 변질되거나 부패하는 것을 막는다.
　　2) 조미료 역할–음식의 간을 맞춘다.
　　3) 순결과 언약의 상징물이다.

　　바닷물은 0.4%의 염분 때문에 항상 변질되지 않고 신선함을 유지한다. 그래서 바다에 육지의 오염된 더러운 물을 흘려보내도 그것을 다 정화해내며, 결코 썩지 않는다. 이처럼 소금은 음식이나 물질이 변질되거나 부패하는 것을 막아준다. 또한 소금은 음식의 맛을 내는 데 없어서는 안 되는 중요한 조미료다. 제 아무리 좋은 재료를 사용하고 음식솜씨가 좋아도 소금이 없으면 그 음식의 맛을 제대로 낼 수 없다. 한편, 구약시대에 소금은 인내와 순결과 부패 방지의 상징으로서 그 의미를 지녔다. 따라서 그것은 거룩한 제사에 사용되었고(출 30:35, 레 2:13), 신생아의 소독제(겔 16:4)로 사용되기도 했다. 엘리사는 토산이 익지 못하는 땅을 고치기 위해 물의 근원 지점에 소금을 던졌다(왕하 2:21). 또한 소금은 부패를 방지하고 그 맛이 변하지 않는다는 점에서 하나님의 영원한 언약을 상징할 때도 사용되었다(민 18:19).

2. 소금이 그 역할을 다하기 위해서는 어떻게 해야 할까요?

　　자신이 녹아지고 부서져야 한다 (자기희생).

소금 그 자체는 그리 특별하지 않다. 그 빛깔과 모양이 황홀할 만큼 아름답지도 않고, 우리의 미각을 자극할 만큼 좋은 향과 맛을 지니지도 않았다. 하지만 소금은 다른 음식에 섞이거나 물에 녹아 그 형체가 없어질 때 비로소 그 가치를 발휘한다. 즉, 음식의 맛을 내거나 부패를 방지하는 역할을 하려면 소금 자신의 결정된 모습을 희생시켜야만 한다. 이와 같이 우리가 살아가는 이 세상에도 소금과 같은 그리스도인이 필요하다. 소돔과 고모라가 멸망한 것은, 그러한 소금과 같은 역할을 할 의인이 없었기 때문이다. 주님은 자기 자신만을 생각하는 이기주의와 자기중심주의가 만연해 있는 오늘날의 세상 속에서 살아가는 그리스도인들에게 소금과 같은 희생을 요구하신다. 따라서 이러한 희생에 대한 결단이 없으면 예수님의 참된 제자가 될 수 없다.

3. 소금이 그 역할을 다하지 못했을 때 어떻게 되며, 그것은 무엇을 의미할까요? (13절)

밖에 버려져 사람에게 밟히게 된다. 이것은 그리스도인이 이 세상에서 그 존재 가치에 합당한 삶을 살지 못하면 세상 사람들로부터 경멸과 조소의 대상이 된다는 의미로 해석할 수 있다.

고대 세계에서 사용되던 대부분의 소금은 소금물을 증류하여 얻은 것이 아니라 염분이 있는 늪지 등에서 추출된 것이었다. 때문에 불순물이 많이 섞여 있었다. 진짜 소금은 불순물보다 쉽게 녹기 때문에 용해되어 나오기 쉬웠고 그렇게 희석되어 소금이 추출되고 남은 나머지는 거의 쓸모가 없었다. 오늘날에도 이스라엘에는 맛을 잃은 소금이 길가나 평평한 지붕의 흙 위에 뿌려진다고 한다. 이 소금 때문에 흙이 더 단단해지고 새는 구멍이 생기지 않는다. 그리고 지붕이 운동장이나 공공 집회의 장소가 되기 때문에 소금은 여전히 사람들에게 밟히고 있는 것이다. 그래서 소금은 폐허, 멸망(삿 9:45, 신 29:23), 무익함, 죽음을 상징하기도 한다(습 2:9, 겔 47:11). 13절의 '소금이 그 맛을 잃으면'의 의미는 그리스도인들이 세상 사람들과 구별된 삶을 살지 못하는 것을 뜻한다. 그리고 "밖에 버리워… 밟힐 뿐이니라"에는 경멸의 의미가 담겨 있다. 따라서 그리스도인이 맛 잃은 소금과 같이 이 세상에서 그 존재 가치에 합당한 삶을 살지 못하면 세상 사람들로부터 경멸과 조소의 대상이 된다.

4. 빛은 일반적으로 어떤 역할을 할까요?

1) 빛은 감추인 것을 드러나게 하고, 어두움과 공포를 물리친다.
2) 빛은 안내의 역할을 한다.
3) 빛은 심판의 역할을 한다.

하나님은 천지를 창조하실 때 제일 먼저 빛을 만드셨다. 빛이 없는 세상은 상상할 수가 없다. 성경에서 '어두움'이 우울함, 절망, 부패 등의 최악의 상태를 나타내는 반면, 빛은 하나님을 아는 참 지식과 사랑, 그리고 기쁨이라는 최선의 상태를 뜻한다.

1) 빛은 감추인 것들을 드러나게 하고, 빛을 받은 물체의 모습이 더욱 돋보이고 아름다워 보이게 한다. 범죄자들이 빛을 좋아하지 않는 까닭은 어둠속에 감추어진 자신들의 죄악된 행위가 드러나기 때문이다. "악을 행하는 자마다 빛을 미워하여 빛으로 오지 아니하나니 이는 그 행위가 다 드러날까 함이요"(요 3: 20).

2) 빛은 길을 인도하는 안내자의 역할을 한다. 바다를 항해하는 사람은 이것을 더 잘 이해할 것이다. 바위와 모래톱이 있는 곳에는 반드시 등대가 세워진다.

3) 빛은 죄를 벌하는 역할을 한다. 불경건한 사람들이 경건한 그리스도인들을 참을 수 없는 까닭은 그들로 인하여 자신들이 처벌을 받는 것처럼 느껴지기 때문이다. 등불이 도시를 안전하게 해주고 여러 가지 범죄를 막는 데 기여하듯이, 그리스도인들이 충분한 숫자로 주변에 영향을 미치게 된다면 죄를 억제하게 될 것이다.

5. 빛이 그 역할을 다할 수 있도록 하기 위해서 빛을 어디에 두어야 합니까? (14-15절)

말 아래 두지 아니하고 등경 위에 두어 모든 사람에게 비치게 해야 한다.

'산 위에 있는 동네(14절)'라는 문구는 의미가 매우 분명하다. 신약성서 시대의 마을은 흔히 흰 석회암으로 건축되었기 때문에 해가 떠 있으면 사람들 눈에 잘 보이고 쉽게 감추어지지 않는다. 또 밤에는 동네 주민들이 등불을 켜서 주변 지역에 빛을 드리운다. 한편, '말(15절)'은 곡식의 양을 재는 나무 그릇이다. 등의 불이 오랫동안 꺼지지 않도록 하려면 이 말로 등을 덮어두면 얼마동안 효과가 있다고 한다. 그리고 '등경(15절)'은 '등불 받침대'를 뜻한다. 등경은 방 하나에 한 개가 설치되었다. 이처럼 등경은 빛을 멀리 비치게 하는 데 큰 역할을 하지만, 말은 빛이 비치지 못하게 하는 역할을 한다.

　성경에서 빛은 '하나님'(시 27:1, 요일 1:5), 또는 '예수 그리스도'를 상징한다(요 8:12). 따라서 그리스도를 믿고 그를 따르는 자는 생명의 빛을 얻은 빛의 자녀가 된다(엡 5:8). 그러므로 그리스도인은 빛의 자녀로서 삶 속에서 그리스도의 생명의 빛을 드러내야 한다. '소금(13절)'이 부패를 막고 제자들이 세상을 따라가거나 타협하게 될 위험에 대하여 경고하는 것이라면, '빛(14-16절)'은 죄로 어두운 세상을 비추는 적극적인 역할을 의미한다. 본회퍼(Bonhoeffer)는 "보이지 않는 곳으로 도피하는 것은 부르심의 거부다. 보이지 않게 숨으려는 예수의 공동체는 예수를 따르는 것이 아니다."라고 하였다.

6. 빛의 자녀로서 하나님 아버지께 영광을 돌리는 삶은 구체적으로 어떤 것입니까? (엡 5:8-9, 요일 2:9-11, 마 10:27, 눅 12:3)

　1) 엡 5:8-9 : 모든 착함, 의로움, 진실함
　2) 요일 2:9-11 : 형제를 사랑하며
　3) 마 10:27, 눅 12:3 : 주님께 받은 비밀한 것들을 빛 가운데 선포해야 한다.

예수님은 세상의 빛으로 이 땅에 오셔서 죄와 어둠 속에 있는 인간들을 구원하셨으며, 그를 따르는 자들에게 생명의 빛을 얻게 하셨다(요 8:12; 12:46). 따라서 예수님을 믿는 그리스도인들은 주 안에서 죄로 어두워진 세상을 밝게 비추는 빛의 자녀로서 살아가야 한다(엡 5:8, 살전 5:5). 즉, 빛의 열매로 나타나는 모든 착함과 의로움과 진실함이 그 삶속에서 보여야 하고(엡 5:9, 빌 2:15), 형제를 사랑하며(요일 2:9-11), 빛의 전달자들로 주님께 받은 비밀한 것들을 빛 가운데 선포해야 한다(마 10:27, 눅 12:3). 또한 바울은 종말의 때를 살아가는 성도들은 광명한 천사로 가장하는 세력을 주의해야 하고(고후 11:14), 빛들의 아버지께서 감추인 것을 드러내실 때까지(고전 4:5) 빛의 갑옷을 입고(롬 13:12) 선한 싸움을 싸워야 한다고 권면하고 있다.

평신도제자훈련교재
관점바꾸기

우리 교회 오 집사

다음 글을 읽고 주어진 질문에 답해 봅시다.

> 우리 교회 오창석 안수집사는 장의사입니다. 작업복에 흰 고무신을 신고 수익금에서 생활비와 운영비를 빼고는 모두 구제 사역에 씁니다. 장애아시설과 보육원 "어린 양의 집"을 돕고, 간혹 시설에서 일어나는 아이들의 장례를 전담해 치러주고, 사할린 귀국 동포를 위한 무료 장례도 도맡아 하고 있습니다. 10년 전에는 일가친척은 물론 가족과 담임목사인 나도 모르게 생면부지의 고등학생에게 신장 한쪽을 기증했습니다. 10년이 지난 오늘날까지 두 사람 모두 건강합니다. 고맙다고, 어떻게 해야 은혜를 갚을 수 있느냐고 찾아온 그 학생과 가족에게 집사님은 이렇게 말했습니다. "예수님만 잘 믿으십시오. 그러면 됩니다. 나는 감사 받을 수 있는 사람이 아닙니다. 감사 받을 수 있는 분은 오직 예수님뿐입니다. 예수님이 제게 생명을 주셨습니다. 내 목숨도, 내 몸도, 내 재산도 내 것이 아닙니다. 오직 주님 것입니다." 오 집사를 보면 내가 부끄럽고 그의 인생이 부럽습니다. 저는 사후 장

기 기증을 서약했지만 암을 앓은 후 장기 기증이 모두 취소되었기 때문입니다. 세상은 오 집사 같은 사람으로 인해 아름답게 빛납니다.

고훈 목사 (안산제일교회)

1. 위 이야기의 오 집사님은 어떻게 소금과 빛의 직분을 감당하고 있습니까?

자신의 사비를 털어 구제사역에 쓰고, 무료장례와 장기기증의 선행을 베풀면서도 자신을 자랑하지 않고 하나님께 영광을 돌림으로

2. 소금과 빛의 역할을 다하는 그리스도인이 되기 위해 당신이 먼저 깨달아야 할 것은 무엇입니까?

예수님을 믿음으로 나의 신분이 변화되었다는 깨달음

예수님은 그의 제자들에게 너희는 세상의 소금이 되고 빛이 되라고 말씀하시지 않았다. 예수님은 먼저 너희는 세상의 소금이요, 빛이라고 선포하시고 난 후 그 신분에 맞는 사명에 대해 말씀하고 있다. 이미 우리의 신분이 소금과 빛이기 때문에 우리가 소금과 빛의 사명을 감당할 수 있는 것이다. 사실 우리는 전혀 소금과 빛이 아니었고, 결코 소금과 빛으로서 살 수도 없는 존재였다. 그러나 참 소금과 빛 되신 예수님께서 성령을 통하여 우리 안에 들어와 계심으로 우리의 신분이 소금과 빛으로 변화되었고, 또한 그 같은 삶을 살 수 있는 능력이 생기게 된 것이다. 그리스도인으로서의 삶의 출발은 우리의 행실을 의롭게 하려는 노력에서 시작되는 것이 아니라, 이처럼 변화된 신분에 대한 깨달음에서 시작된다.

3. 우리의 주변에 그리스도인으로서 세상의 소금과 빛으로 살고 있는 사람을 알고 있거나, 경험한 일이 있으면 이야기해 봅시다.

각자 자신이 알고 있는 이야기나 경험을 나눈다.

소금과 빛으로 사는 것은 참으로 아름답고 위대한 일이다. 그렇다고 해서 그것이 반드시 거창할 필요는 없다. 하나님께서는 우리의 중심을 보시기 때문에 우리의 삶에 있어서도 그 진정성을 보시고 판단하실 것이다. 주님의 가르침을 따라 감사한 마음을 가지고 타인을 향해 배려하고 섬기며 사랑한다면 그 마음으로 드러난 모든 행위들이 세상의 소금과 빛이 될 만한 일들이 될 것이다.

실천하기   소금과 빛이 되어
평신도 제자 훈련 교재

세상에서 소금과 빛 같은 그리스도인으로 살기 위해 자신의 삶의 영역에서 실천할 수 있는 것들을 생각하고 나누어 봅시다. 그리고 이것을 실천하기 위해 한 주간 동안 노력해 봅시다.

가정	소금	부부간의 약속 지키기, 가정예배 드리기 등
	빛	가족 간에 서로 사랑하고 아껴주기, 서로 사랑하고 축복하는 말 많이 하기, 자녀에게 말과 행동으로 본을 보이기, 가족과 함께 봉사활동 하기 등
직장	소금	부정하고 잘못된 일에 참여하지 않기, 그리스도인인 것을 당당하게 알리기, 남을 험담하지 않기 등
	빛	의기소침한 동료나 후배에게 커피 뽑아주며 격려하기, 늘 성실하게 일하기 등

사회	소금	**교통법규나 사회 질서 잘 지키기,** 얌체 행동 안 하기, 근검절약하여 좋은 일에 쓰기 등
	빛	**만원 버스에서 버스 벨 대신 눌러주기,** 지하철에서 자리 양보하기, 내 집 앞이나 동네 쓰레기 줍고 청소하기, 어려운 이웃에게 도움 베풀기 등

세상을 살아가는 그리스도인은 교회 밖 세상, 즉 가정, 직장, 사회 등에서 소금과 빛의 역할을 다하며 살아야 한다. 즉, 가정에서 함께 살아가는 가족과의 관계에서, 직장에서 함께 지내는 직장동료와의 관계에서, 동네 혹은 사회에서 만나는 다른 이웃과의 관계에서 그들에게 보여지는 아름다운 삶의 모습들을 통해 살맛나는 세상, 밝고 따뜻한 세상을 만들고, 하나님께 영광을 돌리게 해야 한다. 위의 예들 말고도 여러 가지 상황들이 있을 수 있다. 이야기를 나눌 때에는 거창하고 복잡한 것보다 작지만 생활 속에서 구체적으로 실천할 수 있는 행동이나 습관들을 이야기하는 것이 바람직하다.

함께 읽어봅시다

세상의 빛이 되는 손

구두 닦는 사람을 보면
그 사람의 손을 보면
구두 끝을 보면
검은 것에서도 빛이 난다
흰 것만이 빛나는 것은 아니다

창문 닦는 사람을 보면
그 사람의 손을 보면

창문 끝을 보면
비누거품 속에서도 빛이 난다
맑은 것만이 빛나는 것은 아니다

마음 닦는 사람을 보면
그 사람의 손을 보면
마음 끝을 보면
보이지 않는 것에서도 빛이 난다
보이는 빛만이 빛은 아니다

닦는 것은 빛을 내는 일
성자가 된 청소부는
청소를 하면서도 성자이며
성자이면서도 청소를 한다.

– 천양희, '그 사람의 손을 보면'–

새길말씀 외우기

너희는 세상의 소금이니 소금이 만일 그 맛을 잃으면 무엇으로 짜게 하리요 후에는 아무 쓸 데 없어 다만 밖에 버려져 사람에게 밟힐 뿐이니라 (마 5:13)

다함께 드리는 기도

1. 오늘 배운 말씀과 내용을 생각하며 다함께 기도하는 시간을 갖도록 합시다.
2. 오늘 참석한 구성원들을 위해서 이름을 불러 가며 중보의 기도를 합시다.
3. 오늘 참석하지 못한 구성원이 있으면 그 사람을 위해 더욱 뜨거운 마음으로 기도합시다.
4. 한 주간의 삶을 통해서 오늘 배우고 익힌 내용들을 삶으로 살아갈 수 있도록 기도합시다.
5. 하나님의 은혜 가운데서 한 주를 살고, 다음 모임 시간에 모두가 모일 수 있도록 기도합시다.

＊사역자로서 이 과를 마치고 난 느낌이나 소감, 다짐 등을 간단하게 말해 봅시다.

다음 모임을 위하여

1. 다음 주에 읽어야 할 성경말씀을 읽고 확인합시다.
2. 43과의 배울말씀인 마태복음 25장 31-46절을 읽고 묵상합시다.

평신도제자훈련교재
평가하기

평가항목	세부사항	그렇다	그저 그렇다	아니다
인도자의 준비도	인도자는 본 과의 교육목적을 이룰 수 있도록 충분하게 준비했습니까?			
교육목표의 성취도	1. 학습자들은 자신의 잘못된 선입견과 고정관념을 버리고 순수한 마음으로 주님을 만날 준비가 되었습니까? 2. 학습자들이 예수에 대하여 지식적으로 아는(know) 단계에서 체험적으로 아는(see) 단계로 발전하고자 결단하게 되었습니까?			
학습자의 참여도	학습자들이 진지하고 적극적인 태도로 성경공부에 임했습니까?			
성경공부의 분위기	성경공부를 하는 동안 학습자들이 편안한 분위기를 느낄 수 있었습니까?			
기타 보완할 점	기타 보완할 점이나 건의사항이 있습니까?			

성경 읽기표

읽을 범위		월 일 주일	월 일 월요일	월 일 화요일	월 일 수요일	월 일 목요일	월 일 금요일	월 일 토요일
	구약	주일은 설교말씀 묵상	단 4~6장	단 7~9장	단 10~12장	호 1~3장	호 4~6장	호 7~9장
	신약		눅 1~3장	눅 4~6장	눅 7~9장	눅 10~12장	눅 13~15장	눅 16~18장
확인								

MEMO

43

평신도 제자훈련교재

이웃을 섬기는 삶

배울말씀 마태복음 25장 31-46절

도울말씀 히 9:27, 행 1:11, 마 13:41-42, 살후 1:7-8, 계 14: 17-20, 롬 3:23-26, 엡 2:10, 요일 3:17-18; 4:20-21

새길말씀 임금이 대답하여 이르시되 내가 진실로 너희에게 이르노니 너희가 여기 내 형제 중에 지극히 작은 자 하나에게 한 것이 곧 내게 한 것이니라 하시고 (마 25:40)

이룰 목표

① 사회의 무관심 속에 소외되고 힘들어하는 이웃들이 있음을 안다.

② 우리가 섬겨야할 이웃이 누구이고, 왜 섬겨야 하는지 깨닫는다.

③ 소외된 이웃을 섬기기 위해 구체적인 계획을 세우고 실천한다.

교육흐름표

15 min	10 min	20 min	10 min	5 min
O.T.	관심	탐구	관점	실천

교육진행표

구분	오리엔테이션	관심갖기	탐구하기	관점바꾸기	실천하기
제목		추위보다 무서운 무관심	양과 염소	봉천동 슈바이처	행함과 진실함으로
내용	환영 및 개요 설명	이웃	섬김의 의미	섬김의 모범	섬김의 실천
방법	강의	생각 나누기	성경 찾아 답하기	생각 나누기	계획표 짜기 및 실천
준비물	출석부		성경책		
시간(60분)	15분	10분	20분	10분	5분

말씀과 주제이해

1. 양과 염소

'양과 염소의 비유'는 천국에 대한 세 번째 비유다. 이 비유를 통해 알 수 있는 사실은 다음과 같다.

첫째, 심판은 반드시 있다는 것이다(히 9:27). 예수 그리스도께서 부활하시고 승천하실 때 약속하신 것처럼 주님은 분명히 다시 오실 것이며(행 1:11), 그때에는 초림 때와는 달리 모든 천사와 함께 오셔서 영광의 보좌에 앉아 모든 사람을 심판하실 것이다. 또한 주님과 함께 온 천사들은 하나님의 명령에 따라 심판을 실행하는 역할을 담당할 것이다. 즉, 그들은 사방에서 택함 받은 자들을 불러 모아 심판주 앞으로 이끌며(마 24:31), 악한 자들도 거두어 불구덩이 속에 던져버릴 것이다(마 13:41-42, 살후 1:7-8, 계 14: 17-20).

둘째, 심판 때에는 모든 사람이 의인과 악인으로 구분되며, 중간지대는 없다는 사실이다. 이는 심판의 명료성을 보여준다. 팔레스타인 목자들은 양과 염소를 함께 방목하지만 밤이 되면 양과 염소를 분리시키는데, 이는 양들은 추위에 강한 반면, 염소는 추위에 약해서 따뜻한 곳으로 옮겨야 하기 때문이다. 이와 같이 주님께서 재림하시면 영광의 보좌에 앉아 이 땅의 모든 민족을 심판하실 것인데 그때에 주님은 마치 목자가 양과 염소를 구분하는 것과 같이 모든 사람을 구별하여 양은 보좌의 오른편에, 염소는 보좌의 왼편에 두실 것이다.

셋째, 천국과 심판은 결국 현재의 삶의 태도와 밀접한 관련이 있다는 사실이다. 심판주로 오신 주님이 모든 사람들을 양과 염소로 구분하는 기준은 그들이 이 땅에서 어떠한 삶을 살았는가 하는 것이다. 주님은 인종이나 신분, 소유물의 정도 등이 아니라 사회에서 소외된 자, 무력한 자, 고통을 당하는 자들과 같은 '지극히 작은 자(40절)'를 돌보고 사랑하는 '섬김의 삶'을 산 자와 그렇지 아니한 자를 구별하여 의인과 악인으로 나누시고 그에 따라 심판하실 것이다.

2. 의인됨의 증거로서의 섬김의 삶

본문에서 오른편에 선 자들이 '의인'이라 칭함 받고 하나님 나라를 상속받은 것은 표면적으로는 그들이 지극히 작은 자들을 섬겼기 때문이지만 그 섬김의 행위들 자체가 '의인됨'의 근거는 아니다. 그 근거는 본문 34절의 "내 아버지께 복 받을 자들이여… 상속받으라."는 말씀에서 제시된다. 즉, 주님께서 보좌의 오른편에 선 자들에게 복 받은 자들이라 부르고 '의인'(37절)의 대접을 받게 하신 까닭은 그들의 선한 행위 때문이 아니라 '내 아버지' 때문이다. 왜냐하면 모든 사람이 죄를 범하여 하나님의 의의 기준에 이르지 못하였으나 그리스도의 대속의 죽음을 통해 죄 사함 받고 하나님의 은혜로 값없이 의롭다함을 얻었기 때문이다(롬 3:23-26). 사람이 의롭다 함을 얻는 것은 행위에 있지 않고 믿음으로 되는 것이다(롬 3:28). 결국 본문에 열거된 선한 행위들은 그들의 믿음에 근거한 것이며, 순결한 믿음과 참된 신앙을 가진 자로서 삶 속에서 '의인됨을 보여주는 증거'이다(35-36절). 이는 자신들의 선행을 상기시키는 왕의 대답에 놀라움을 표시하는 의인들의 태도에서 잘 나타난다(37-39절). 의인이라 칭함 받은 이들은 그들의 믿음과 그들 속에서 역사하시는 하나님의 요청에 따라 능동적으로 그 일을 수행했고(엡 2:10), 그 결과 창세로부터 예비된 하나님 나라를 상속받고 영생에 들어가는 축복을 받았다(34절). 그러나 믿음이 있다고 하면서 이웃을 돌보고 사랑하지 않는 자들은(42-45절) 죽은 믿음을 가진 자이며 위선자다(약 2:26). 따라서 그들은 주님께 '저주를 받은 자'라 칭함 받고, 마귀와 그 사자들을 위하여 예비된 영원한 불에 들어가는 영벌에 처해졌다(41, 46절). 여기서 분명한 것은 '영원한 불'이 염소의 자리에 앉은 사람들을 위해 예비된 것이 아니라(계 20:10), 이웃과의 관계 속에서 남에게 비록 악행을 하지는 않았지만 그들에 대해 태만하고 무관심한 것도 저주의 대상이 된다는 것이다. 따라서 그리스도인들은 이 땅에서 사는 동안 자신의 이익과 물질의 축복만을 간구하는 소극적인 신앙이 아니라, 장차 누리게 될 하나님 나라와 영생을 소망하는 신앙을 가지고 적극적이고 능동적으로 어려운 이웃을 섬기는 삶을 살아야 한다. 이것이 바로 '이웃을 내 몸처럼 사랑하라'는 주의 말씀과 일치하는 삶이다(마 19:19).

3. 행함과 진실함으로 하는 섬김의 삶

죄 아래 있는 인간의 본성은 이기적이고 자기중심적이다. 따라서 이기적이고 자기중심적인 태도로 살아가는 사람들에게 있어서 어려운 이웃은 나와 상관없는 타인이거나 귀찮은 존재일 뿐이다. 그러나 예수님은 고난 받는 모든 사람들을 주님의 형제로 여기신다(40절). 이는 모든 사람이 하나님의 형상대로 지음 받은 평등한 존재로서(요 1:3) 서로에게 무관심한 '타인'이 아니라 섬기고 돌보면서 살아가야 하는 존재임을 시사한다. 또한 주님은 사회에서 소외되고 고난을 겪는 사람들을 자신과 동일시하여 그들을 돌보고 섬기는 것이 곧 자기 자신에 대한 것이라고 말씀하신다(40절). 이 말씀은 오늘날 이기심과 무관심 때문에 발생하는 사회의 많은 문제들을 슬기롭게 해결할 수 있는 열쇠가 된다. 무엇보다 그리스도인들은 모든 사람이 서로 섬기고 돌보며 살아가야 하는 존재임을 분명히 인식해야 한다. 또한 자기중심적이고 이기적인 태도에서 벗어나 다른 사람을 먼저 생각하는 이타적이고 희생적인 태도를 가져야 한다. 그리고 어려움에 처한 이웃을 외면하거나 무관심하게 대하지 말고, 순수하고 인격적인 관심과 긍휼히 여기는 마음으로 다가가 주님의 사랑으로 그들의 아픔을 감싸 안고 도와주며 섬겨주어야 한다. 이것이 바로 참된 믿음을 가진 그리스도인이 보여주어야 할 믿음의 증거요 삶의 모습이다.

눈에 보이는 형제와 이웃은 사랑하지도 않으면서 보이지 않는 하나님을 사랑한다고 말할 수 없다(요일 4:20-21). 왜냐하면 본질적으로 참된 믿음은 그에 상응하는 행위가 수반되기 때문이다. 진정으로 하나님을 믿고 구원 받은 그리스도인은 하나님을 사랑할 뿐 아니라 반드시 사랑과 섬김의 열매를 맺는다. 또한 그 사랑과 섬김은 말과 혀로만 하는 것이 아니라 행함과 진실함으로 실천해야 한다(요일 3:17-18). 즉, 진정으로 이웃을 사랑하고 섬기는 삶은 본인 스스로의 믿음의 결단에 의한 자발적인 행위에서 비롯된다. 자기 자신만을 생각하는 '이기주의'와 이웃에 대한 '무관심'이 팽배한 오늘날의 사회적 풍조 속에서 주님께서 믿는 자들에게 요구하시는 것은 소외되고 고난 받는 이웃을 사랑하고 섬기는 삶이다. 그러므로 초대 교회가 가난한 자, 고아와 과부와 같은 작고 소외된 자들을 그리스도의 사랑으로 돌보았던 것처럼 오늘날의 교회와 그리스도인들도 사회의 무관심과 외면 속에 소외되고 고통을 겪고 있는 이웃들이 없는지 살피고, 그들을 돌보고 섬기는 사명을 감당해야 한다.

평신도제자훈련교재
관심갖기   추위보다 무서운 무관심

다음 글을 읽고 주어진 질문에 답해 봅시다.

> 달동네 단칸방에서 3년간 암을 앓아 온 60대 독거노인이 숨진 채 발견됐다. 서울 종로구 창신2동 송모(61) 씨의 단칸방에서 송 씨가 숨져 있는 것을 이웃에 사는 이모(35) 씨가 발견해 경찰에 신고했다. 이 씨는 "며칠 동안 송 노인 집에 불이 켜져 있는데 인기척이 전혀 없어 문을 열고 들어가 보니 할아버지가 침대 옆에 엎드린 채 숨져 계셨다."라고 말했다. 송 씨는 10년 전 아내와 헤어진 뒤 혼자 살았으며 최근에는 림프샘 암을 앓아 왔던 것으로 드러났다. 경찰은 송 씨가 발견되기 3, 4일 전에 지병으로 숨진 것으로 보고 있다. 집 부근에서 구두장사를 하다 폐업한 송 씨는 수년 전부터 친구들에게 의지해 근근이 생활을 유지해 왔다. 1년여 전부터는 친구들의 도움마저도 끊겨 생활이 더욱 힘들어진 송 씨는 이웃의 도움으로 기초생활수급대상자가 돼 한 달에 30만 원가량으로 겨우 생계를 이어 왔다고 경찰은 전했다. 어려운 형편 탓에 수술비가 없었던 송 씨는 최근 '회생 불가능'이라는 진단을 받고 2평 남짓한 단칸방에서 두문불출했던 것으로 알려졌다. 송 씨에게 찾

아오는 가족이나 친인척이 없었고 송 씨 자신도 가족에 대한 이야기를 하지 않아 주변 사람들도 송 씨의 내력을 잘 알지 못했다.

〈어느 신문의 기사〉

위의 이야기를 읽고 느낌을 서로 나누어 봅시다. 오늘날 우리가 살아가는 사회에서 위와 같은 일이 일어나는 이유는 무엇일까요?

물질만능주의, 능력제일주의 등의 사회적 풍조에서 생겨나는 이기주의, 그리고 도시화와 핵가족화에 따른 극도의 개인주의와 이웃에 대한 무관심 때문이다.

우리는 물질의 소유 정도에 따라 인간의 가치를 판단하는 물질만능주의와 직업이나 신분 등을 척도로 삼는 능력제일주의라는 말에 익숙한 사회에 살고 있다. 또한 사회 곳곳에 도시화·핵가족화에 따른 극도의 개인주의, 이웃에 대한 무관심, 인간적 유대의 결여, 생명 경시 풍조가 만연해 있다. 위의 기사에서 알 수 있듯이 현대를 살아가는 그리스도인들이 당면한 문제는 바로 자기 자신만을 생각하는 '이기주의'와 이웃에 대한 '무관심'이다. 한때 매스컴을 통해 논란이 되었던 홀로 사는 어르신의 죽음을 일찍 발견하지 못한 것이 어찌 담당 공무원이나 사회복지 종사자만의 잘못인가? 이웃에 살고 있었던 우리의 무관심으로 인한 책임이 과연 없다고 할 수 있을까? 또한 이러한 시대의 흐름과 사회적 풍조를 바라보며 주님께서 믿는 자들에게 요구하시는 것은 과연 무엇일까? 스스로 되물어 보아야 할 과제이기도 하며, 지금이 그 시점이기도 하다.

평신도 제자 훈련 교재
탐구하기   양과 염소

배울말씀인 마태복음 25장 31-46절을 읽고 주어진 질문에 답해 봅시다.

1. 본문에 나오는 '양과 염소의 비유'를 통해 우리가 알 수 있는 사실은 무엇입니까? 빈칸을 채워봅시다. (31-33절)

   1) (심판)은 반드시 있다.
   2) 심판의 때에 모든 사람은 (양) 과 (염소)처럼 구분된다.

'양과 염소의 비유'는 천국에 대한 세 번째 비유다. 이 비유는 첫째, 심판은 반드시 있다는 것을 보여준다(히 9:27). 둘째, 심판 때에는 양과 염소, 즉 의인과 악인으로 구분이 되며, 중간지대는 없다는 사실이다. 셋째, 천국과 심판은 결국 현재의 삶의 태도와 밀접한 관련이 있다는 사실이다. 즉, 본문의 비유는 이 세상에서 사는 동안 이웃에 대한 사랑과 섬김, 봉사가 중요하다는 것을 강조하고 있다.

2. 주님께서 양과 염소로 구별한 사람들은 구체적으로 어떤 삶을 살았으며, 그 삶의 결과는 무엇인가요? (35-36, 42-43, 46절)

구분	양(의인)	염소(악인)
삶	주린 자에게 먹을 것을 주고, 목마른 자를 마시게 했고, 나그네 된 자를 영접하였고, 헐벗은 자에게 옷을 입혔고, 병든 자를 돌보고, 옥에 갇힌 자를 돌아보았다.	주린 자에게 먹을 것을 주지 않았고, 목마른 자를 마시게 하지 않았고, 나그네 된 자를 영접하지 않았고, 헐벗은 자에게 옷을 입히지 않았고, 병든 자를 돌보지 않았고, 옥에 갇힌 자를 돌아보지 않았다.
결과	하나님의 예비된 나라를 상속받고, 영생에 들어감	저주를 받고 영원한 불에 들어감(영벌)

팔레스타인 목자들은 낮에는 양과 염소를 함께 방목하지만 밤이 되면 양과 염소를 분리시키는데, 이는 양들은 추위에 강한 반면, 염소는 추위에 약하여 따뜻한 곳에 있으려 하기 때문이다. 주님께서 재림하시면 영광의 보좌에 앉아 이 땅의 모든 민족을 심판하실 것인데, 그러한 심판은 마치 목자가 양과 염소를 구분하는 것과 같이 양은 보좌의 오른편에, 염소는 보좌의 왼편에 두게 된다. 여기서 오른편에 선 사람들은 참된 신앙을 가진 자들로 세상에서 사는 동안 이웃을 돌보고 섬기는 삶을 능동적으로 수행했고(엡 2:10), 그 결과 창세로부터 예비된 하나님 나라를 상속받고 영생에 들어가는 축복을 받았다(34절). 그러나 믿음이 있다고 하면서 이웃을 돌보고 사랑하지 않는 자들은(42–45절), 주님께 '저주를 받은 자'라 칭함 받고, 마귀와 그 사자들을 위하여 예비된 영원한 불에 들어가는 영벌에 처해졌다(41, 46절). 이것은 이웃과의 관계 속에서 남에게 비록 악행을 하지 않았다고 해도 그들에 대한 태만과 무관심이 저주의 대상이 된다는 것을 의미한다. 예수님께서 이같이 강경한 메시지를 전하신 까닭은 말세, 곧 종말의 때에 사람과 사람 사이의 관계가 황폐해질 것을 익히 아셨기 때문일 것이다(딤후 3:1–5). 한편, 본문에서 구체적으로 제시되고 있는 선행들은 당시의 시대상을 잘 나타내 준다. 당시에 대부분의 사람들은 의·식·주 문제에서 벗어나지 못하였고 많은 질병과 억울한 누명과 과중한 채무에 시달렸다. 예수께서 당신의 공생애 기간 동안 만난 사람들도 상당수가 이러한 사람들이었다.

3. 주님께서 사람들을 의인과 악인으로 구분하는 기준은 무엇입니까? (34–46절)

이 땅에서 어떠한 삶을 살았는가, 즉 이 땅에서 이웃사랑과 섬김의 삶을 실천했는지의 여부에 따라 구분하심

주님이 재림의 주, 심판의 주로 오실 때 '양'과 '염소'로 구분하실 것이다. 거기에는 인종이나 신분, 소유물의 정도 등이 판단기준이 아니라 '이 땅에서 어떠한 삶을 살았는가' 하는 것이 기준이다. 즉, 사회에서 소외된 자, 무력한 자, 고통을 당하는 자

들과 같은 '지극히 작은 자(40절)'를 돌보고 섬기는 '참 봉사자'와 그렇지 아니한 자의 구별이 있을 뿐이다.

4. 오른편에 속한 자들이 '의인' 대접을 받는 근거와 증거는 무엇입니까?
   (34; 35-36절, 롬 3:23-26)

   1) 의인이라는 근거
   하나님 아버지, 즉 하나님께서 예수 그리스도를 통해 그들을 구원하시고 의인이라 칭하여 주심으로

   2) 의인이라는 증거
   이웃에 대한 섬김과 돌봄의 삶

   여기서 '의인들'이라 함은 그 생활에 있어서 철저히 이타적이고 하나님 중심적인 삶을 살아 이 땅에서의 온갖 유혹과 고초를 이겨내고 끝내 하나님의 부르심을 받고 그분 앞에 선 자를 가리킨다. 본문에서 오른편에 선 자들이 '의인'이라 칭함 받고 하나님 나라를 상속받은 것은 표면적으로는 그들이 지극히 작은 자들을 섬겼기 때문이지만 그 섬김의 행위들 자체가 '의인됨'의 근거는 아니다. 주님께서 보좌의 오른편에 선 자들에게 복 받은 자들이라 부르시고 '의인'(37절)의 대접을 받게 하신 것은 그들의 선한 행위 때문이 아니라 '내 아버지' 때문이다(34절). 왜냐하면 모든 사람이 죄를 범하여 하나님의 의의 기준에 이르지 못하였으나 그리스도의 대속의 죽음을 통해 죄 사함 받고 하나님의 은혜로 값없이 의롭다 함을 얻었기 때문이다(롬 3:23-26). 따라서 본문에 열거된 선한 행위들은 그들의 믿음에 근거한 것이며, 그들의 삶속에서 순결한 믿음, 참된 신앙을 가진 자로서 '의인됨'을 보여주는 증거'다(35-36절). 이는 의인이라 칭함 받은 자들이 자신들의 선행을 상기시키는 왕의 대답에 놀라움을 표시하는 의인들의 태도에서 잘 나타난다(37-39절). 의인이라 칭함 받은 이들은 그들 속에서 역사하시는 하나님의 요청과 기대에 따라 능

동적으로 그 일을 수행했고(엡 2:10), 그 결과 창세로부터 예비된 하나님 나라를 상속받고 영생에 들어가는 축복을 받았다(34절). 이처럼 예수님의 새 계명이요 복음의 핵심인 '이웃을 사랑하라(마 22: 39)'는 말씀은 인간 스스로의 결단에 의한 자발적인 행위가 요구된다. 따라서 참된 신앙을 가진 그리스도인들은 자신의 이익과 물질의 축복만을 간구하는 소극적인 신앙이 아니라 장차 누리게 될 하나님 나라와 영생을 소망하는 적극적이고 능동적인 신앙을 가지고 살아가야 한다. 또한 형제를 사랑하고 섬김으로 하나님의 명령(살전 4:9)을 실천하고, '이웃을 내 몸처럼 사랑하라'는 주의 말씀과 일치하는 삶을 살아야 한다(마 19:19).

5. 우리가 섬겨야할 이웃은 누구이고, 어떻게그들을 섬겨야 합니까? (35-36, 40절)

1) 섬겨야 할 이웃
우리가 섬겨야 할 이웃은 주린 자, 목 마른 자, 나그네 된 자, 헐벗은 자, 병든 자, 옥게 갇힌 자 등 형제 중에 지극히 작은 자이다.

2) 섬김의 자세
그리스도인은 마치 주님을 섬기듯 형제 중에 지극히 작은 자 하나를 섬겨야 한다.

예수님은 인간을 주종관계, 즉 지배자와 피지배자, 강자와 약자, 부유한 자와 가난한 자의 관계로 파악하지 않고, 고난 받는 모든 사람들을 주님의 '형제'로 여기신다(40절). 이것은 모든 인간은 하나님의 형상대로 지음 받은 존재로서(요 1:3) 평등한 존재이며, 서로에게 무관심한 '타인'이 아니라 섬기고 돌보며 살아가야 하는 존재임을 시사한다. 또한 주님은 사회에서 소외되고 고난을 겪는 사람들을 자신과 동일시하여 그들을 돌보고 섬기는 것이 곧 자기 자신에 대한 것이라고 말씀하신다(40절). 이 말씀은 오늘날 이기심과 무관심 때문에 발생하는 많은 사회의 문제들을 슬기롭게 해결할 수 있는 열쇠가 된다.

6. 주님을 섬기듯 지극히 작은 이웃을 섬기는 태도는 어떠해야 합니까?
(요일 3:17-18)

말로만 사랑하지 말고 행함과 진실함으로 해야 한다.

본질적으로 참된 믿음은 그에 상응하는 행위가 수반된다. 왜냐하면 눈에 보이는 형제와 이웃은 사랑하지도 않으면서 보이지 않는 하나님을 사랑한다고 하는 것처럼 가식된 행위도 없기 때문이다(요일 3:10; 4:20-21). 진정으로 하나님을 믿고 사랑하는 그리스도인은 하나님을 사랑할 뿐 아니라 반드시 사랑과 섬김의 열매를 맺는다. 또한 이웃을 사랑하고 섬기는 삶은 본인 스스로의 믿음의 결단에 의한 자발적인 행위에서 비롯된다. 따라서 하나님 나라와 영생을 상속받은 하나님의 자녀로서 모든 그리스도인은 하나님을 사랑할 뿐 아니라 이웃을 섬기고 사랑하여야 한다. 그리고 그 사랑과 섬김은 말과 혀로만 하는 것이 아니라 행함과 진실함으로 실천해야 한다(요일 3:17-18).
"누가 이 세상의 재물을 가지고 형제의 궁핍함을 보고도 도와줄 마음을 닫으면 하나님의 사랑이 어찌 그 속에 거하겠느냐 자녀들아 우리가 말과 혀로만 사랑하지 말고 행함과 진실함으로 하자(요일 3:17-18)."
자기 자신만을 생각하는 '이기주의'와 이웃에 대한 '무관심'이 팽배한 오늘날의 사회적 풍조 속에서 주님께서 믿는 자들에게 요구하시는 것은 소외되고 고난 받는 이웃을 사랑하고 섬기는 삶이다. 그러므로 초대 교회가 가난한 자, 고아와 과부와 같은 작고 소외된 자들을 그리스도의 사랑으로 돌보았던 것처럼, 오늘날의 교회와 그리스도인들도 사회의 무관심과 외면 속에 소외되고 고통을 겪고 있는 이웃들이 없는지 살피고, 그들을 돌보고 섬기는 사명을 감당해야 한다.

평신도제자훈련교재

관점바꾸기

봉천동 슈바이처

다음 글을 읽고 주어진 질문에 답해 봅시다.

사람들은 그를 봉천동 슈바이처라고 부릅니다.

서울 봉천동에서 개인의원을 개업한 윤주홍 원장은 지난 1972년 고려대 의대를 졸업하고 20여 년 동안 1년에 2번씩 낙도를 돌며 무료진료를 했습니다. 지금은 교통수단이 좋아지고 보건소에서 일주일마다 배를 타고 섬을 돌면서 치료를 해주기 때문에 자신의 도움이 필요한 다른 봉사를 하고 있습니다.

그는 차에 펑크가 나서 우연히 멈춰 섰던 곳이 봉천동이라고 했습니다. 차에서 나와 주위를 둘러보았을 때 종이조각 아래로 사람의 발이 보였습니다. 그는 시체인 줄 알고 놀라서 가까이 다가갔습니다. 가까이서 보았더니 그것은 시체가 아니고 자고 있는 사람이었습니다. 온 식구가 길가에서 종이를 덮고 자고 있었는데, 큰아들의 키가 제일 크다 보니 그의 발만 나와 있던 것입니다. 이 일이 윤주홍 원장으로 하여금 봉천동에서 한평생 의사로 살겠다는 마음을 먹게 했습니다. 그는 당시 가난한 마을이던 봉천동에 병원을 차리게 된 것을 자신의 운명이라 생각합니다. 병원을 차리고 난 후 도움을 요청하는 사람들이 많았습니다. 한번은 폐렴이 심한 환자를 치료하러 판자촌으로 왕진을 갔다 돌아오는 길에 2인조 강도를 만났습니다. 강도는 칼을 들이대면서 윤 원장을 위협했습니다. 아찔한 순간이었습니다. 그 순간 다른 한 강도가 어둠 속에서 윤 원장을 알아보고는 폐렴에 걸린 노인을 무료로 치료해 준 고마운 의사라며 그를 놓아주었습니다. 윤 원장은 무보수 치료의 대가로 가장 소중한 생명을 지켰다며 아무렇지도 않은듯 껄껄 웃었습니다. 윤 원장은 어렸을 적 할머니와 어머니의 가르침을 실천할 뿐이라고 했습니다. 할머니는 어린 그에게 까치밥이라며 감을 따지 않고 항상 남겨 놓고, 떨어진 이삭은 가난한 이들을 위해 줍지 말라고 가르쳤습니다. 일흔을 넘긴 지금도 그는 그저 할머니와 어머니의 가르침을 따르는 것뿐이라고 겸손하게 말합니다. '봉사란 무엇인가'라는 기자의 질문에 그는 대답 대신 이런 질문을 던졌습니다.

"카뮈와 슈바이처는 둘 다 노벨 수상자였어. 그런데 카뮈는 평생 자신만을 위해 돈을 쓰다 차 사고로 죽고 슈바이처는 아프리카에서 의료 봉사를 하다 죽었지. 어떤 인생이 더 값진 것일까?"

답은 알고 있었지만 막상 그렇게 비교해 보니 더욱 극명하게 드러났습니다. 다시 태어나도 의사로 태어나고 싶다는 윤주홍 박사. 그는 부유한 의사는 아니지만 가진 것을 나눌 수 있어서 행복한 의사라 말합니다. "봉사는 자신을 소멸시키는 거라네. 소멸시키지만 더 큰 빛으로 거듭나는 것이지." 그는 지난 94년부터는 관악 장학회를 설립해 지금까지 2,000여 명이 넘는 아이들에게 도움을 주고 있습니다. 지금도 그는 자신이 가진 시간과 몸, 경제력의 삼분의 일 이상은 반드시 다른 사람에게 도움을 줘야 한다고 생각합니다.

1. 윤주홍 원장은 왜 자신을 '행복한 의사'라고 말합니까?

부유한 의사는 아니지만 가진 것을 나눌 수 있기 때문이다.

2. 윤주홍 원장의 삶을 통해 본받아야 할 삶의 모습과 철학은 어떤 것입니까?

각자의 생각을 나누어본다.

평생 자신만을 위해 사는 삶보다 다른 사람을 섬기며 봉사하는 삶이 더욱 값진 것이다. 이웃에 대한 섬김과 봉사는 자신을 희생하여 더 큰 빛으로 거듭나는 것이다.

평신도 제자 훈련 교재

실천하기

행함과 진실함으로

섬김은 이론이 아니라 실천입니다. 주변을 돌아보고 구체적인 섬김의 계획을 세워 기도하며 실천합시다.

교회 안의 어려운 이웃	섬김의 방법	교회 밖 어려운 이웃	섬김의 방법
김 ○○	반찬배달, 독거노인 돕기	○○○ 네 가족	사랑의 쌀 모으기
박 ○○	소년소녀 가장 돕기 (장학금 전달)	마을 ○○○ 어린이집	사랑의 연탄배달 사랑의 바자회

교회 안의 어려운 이웃을 돕는 방법에는 특별히 주의하며 접근할 필요가 있다. 도움을 받는 사람들의 감정을 상하게 하거나 수치스러움을 느끼게 한다면, 오히려 도와주지 않는 것보다 못할 수도 있기 때문이다. 섬기는 사람과 섬김을 받는 사람 모두가 기뻐할 수 있도록 돕는 내용과 돕는 방법에 신중을 기하도록 하자.

새길말씀 외우기

임금이 대답하여 이르시되 내가 진실로 너희에게 이르노니 너희가 여기 내 형제 중에 지극히 작은 자 하나에게 한 것이 곧 내게 한 것이니라 하시고 (마 25:40)

다함께 드리는 기도

1. 오늘 배운 말씀과 내용을 생각하며 다함께 기도하는 시간을 갖도록 합시다.
2. 오늘 참석한 구성원들을 위해서 이름을 불러 가며 중보의 기도를 합시다.
3. 오늘 참석하지 못한 구성원이 있으면 그 사람을 위해 더욱 뜨거운 마음으로 기도합시다.
4. 한 주간의 삶을 통해서 오늘 배우고 익힌 내용들을 삶으로 살아갈 수 있도록 기도합시다.
5. 하나님의 은혜 가운데서 한 주를 살고, 다음 모임 시간에 모두가 모일 수 있도록 기도합시다.

* 사역자로서 이 과를 마치고 난 느낌이나 소감, 다짐 등을 간단하게 말해 봅시다.

다음 모임을 위하여

1. 다음 주에 읽어야 할 성경말씀을 읽고 확인합시다.
2. 44과의 배울말씀인 요한일서 3장 10-18절을 읽고 묵상합시다.

평가항목	세부사항	그렇다	그저 그렇다	아니다
인도자의 준비도	인도자는 본 과의 교육목적을 이룰 수 있도록 충분하게 준비했습니까?			
교육목표의 성취도	1. 학습자들은 자신의 잘못된 선입견과 고정관념을 버리고 순수한 마음으로 주님을 만날 준비가 되었습니까? 2. 학습자들이 예수에 대하여 지식적으로 아는 (know) 단계에서 체험적으로 아는(see) 단계로 발전하고자 결단하게 되었습니까?			
학습자의 참여도	학습자들이 진지하고 적극적인 태도로 성경공부에 임했습니까?			
성경공부의 분위기	성경공부를 하는 동안 학습자들이 편안한 분위기를 느낄 수 있었습니까?			
기타 보완할 점	기타 보완할 점이나 건의사항이 있습니까?			

성경 읽기표

읽을 범위		월 일 주일	월 일 월요일	월 일 화요일	월 일 수요일	월 일 목요일	월 일 금요일	월 일 토요일
	구약	주일은 설교말씀 묵상	호 10~12장	호 13~14장	욜 1~3장	암 1~3장	암 4~6장	암 7~9장
	신약		눅 19~21장	눅 22~24장	요 1~3장	요 4~6장	요 7~9장	요 10~12장
확인								

44

평신도 제자훈련교재

지역사회를 위한
교회의 10대 과제

배울말씀   요한일서 3장 10-18절

도울말씀   행 9:36, 약 2:15-16, 신 10:17-18; 26:12

새길말씀   자녀들아 우리가 말과 혀로만 사랑하지 말고 행함과 진실함으로 하자 (요일 3:18)

이룰 목표

① 우리가 살고 있는 지역사회의 특성과 그들의 필요를 안다.

② 교회가 지역사회를 섬겨야 하는 이유와 목적이 무엇인지 깨닫는다.

③ 지역사회를 섬기기 위한 교회의 10대 과제를 세우고 실천한다.

교육흐름표

15 min	10 min	25 min	15 min	20 min
O.T.	관심	탐구	관점	실천

교육진행표

구분	오리엔테이션	관심갖기	탐구하기	관점바꾸기	실천하기
제목		세상의 소금과 빛?	행함과 진실함의 사랑	지역사회를 위한 사랑의 실천	지역사회를 위한 우리들의 10대 과제
내용	환영 및 개요 설명	신앙과 삶	사랑의 실천	믿음의 증거	지역사회를 위한 봉사
방법	강의	생각 나누기	성경 찾아 답하기	성찰하기 및 생각 나누기	과제표 제작 및 실천
준비물	출석부		성경책		
시간(85분)	15분	10분	25분	15분	20분

1. 의와 사랑

'형제'란 단어는 '같은 태에서 나온 자'라는 뜻으로 주로 친형제의 의미로 사용되지만, 이웃이나 같은 종족 중 어느 한 사람을 지칭할 때도 사용되었다(마 7:3, 롬 9:3). 또한 성경에서 형제는 그리스도 안에서 영적으로 하나님의 자녀가 된 모든 자들을 지칭하기도 한다. 사실 모든 인간은 하나님에 의해 지은 바 되었으므로 같은 하나님의 자녀다(요 1:3). 그러나 죄가 세상에 들어온 후로는 영적으로 어느 세계에 속해 있느냐에 따라 하나님의 자녀와 마귀의 자녀로 구별된다(8-10절). 요한은 하나님의 자녀인지 마귀의 자녀인지를 판별하는 시금석으로 '의와 사랑'을 제시한다. 즉, 의와 사랑은 하나님의 자녀 된 자들이 닮아야 할 하나님의 본질적인 특성이다. 또한 의와 사랑이 없는 자는 자기 자신의 행위로 말미암아 스스로 하나님께 속하지 않고 마귀에게 속한 자임을 드러낸다(12절). 그리스도인으로서 '의롭게 행한다'는 것은 그의 인격과 삶속에 하나님의 본질적 특성인 '의로움'이 존재한다는 것을 보여주는 것이며(요일 2:29; 3:7), 그로부터 의로운 행동이 흘러나오는 것이다. 따라서 하나님의 은혜로 그리스도 안에서 의롭다 하심을 얻은 그리스도인은 그의 의로움을 행위로 보여주어야 한다. 지식적으로 암기한 신앙고백을 하면서 너무 쉽게 그리스도인이라고 말하는 이 시대에서 의를 행하는 믿음은 하나님의 성도를 알아볼 수 있게 하는 증거가 될 것이다. 또한 사랑을 실천하는 것은 하나님의 뜻이다. 이에 대해 바울은 사랑이신 하나님이(요일 4:8) 그리스도 안에서 우리를 사랑하셨듯이 그리스도인들도 그리스도를 통해 다른 사람들을 사랑하는 것이 마땅하다고 말한다(요일 4:11). 아무리 당당하게 세상의 죄악을 외치고 진리를 선포한다 할지라도 형제를 사랑하는 마음과 사랑을 실천하는 행위가 없다면 그 외침은 필경 거짓이다. 따라서 형제를 사랑하는 것이 곧 진리를 실천하는 것이요 진리에 거하는 증거가 된다. 이처럼 세상의 불의를 따르지 않고 하나님의 의를 행하며, 또한 어려운 형제들을 외면하지 않고 돌보고 사랑하는 것은 그리스도인으로서 반드시 병행해야만 할 임무다. 불의를 책망하는 일에는 앞장서면서 형제를 사랑하는 일에는 지극히 소극적인 태도를 취하거나, 반대로 형제를 돌보고 섬긴다는 핑계로 때때로 세상과 타협하고 불의한 방법을 사용하는 것 모두 바람직하지 않은 것이다. 그러므로 그리스도인으로서 '의를 행하는 것'과 '형제를 사랑하는 것'은 하나님의 뜻에 순종하는 것이며, 또한 그것은 하나님의 자녀 됨의 표증이 된다.

2. 예수님을 따르는 언행일치의 사랑

하나님은 모든 사람을 위해 그리스도를 화목제물로 보내셔서 당신의 사랑을 나타내셨다. 또한 예수님은 죄악 된 인간들을 위하여 창조주의 영광을 버리고 비천한 피조물의 형상으로 이 땅에 오셔서, 당신의 삶을 통해 인간을 향한 하나님의 깊은 사랑을 증거하셨다. 또한 십자가의 죽음을 통해 완전한 사랑의 본이 되심으로 하나님께 속한 참된 사랑이 미움을 극복한다는 사실을 보여 주셨다(14절). 이처럼 참된 사랑은 위에서 아래로 베푸는 자선이나 동정과는 분명히 구별되며, 같은 처지와 동일한 조건 속으로 자기를 내려놓는 희생을 통해 서로 삶을 공유할 때 가능해진다. 하지만 대부분의 사람들은 자신의 것을 포기하거나 나누는 것을 하지 못하고, 그렇게 하기를 꺼려한다. 그러나 그리스도의 사랑 안에서 자신의 삶의 범주 밖에 있는 사람들과 삶을 공유하고 나눌 때 그것은 다른 사람들에게 무엇을 어떻게 믿으라고 말하는 것 이상의 의미를 갖는다. 그것은 삶에 억눌린 사람들에게 자신이 돌봄을 받고 있다고 느끼도록 해 주고, 그들이 이 세상을 살아가는 데 필요한 무언가를 해 주는 것 이상의 의미를 느끼게 한다. 따라서 그리스도인에게 있어서 '서로 사랑하라'는 예수님의 새 계명은(요 15:12) 하나님의 사랑에 대한 응답이다. 또한 그리스도인들이 자신의 생활 터전에서 살아가면서 보여주는 사랑의 삶은 곧 그가 지닌 믿음의 외적 표현이요 증거다. 왜냐하면 믿음은 인간의 내부에 그냥 잠재해 있는 것이 아니라 행동으로 전환되어 나타나는 특성이 있기 때문이다. 즉, 행함이 없는 믿음은 죽은 믿음이며, 행위가 온전치 못하다는 것은 곧 믿음이 온전치 못하다는 것을 증거하는 것이다. 말과 행동이 일치되는 사랑을 하기란 결코 쉬운 일이 아니다. 그래서 세상의 많은 사람들이 외치는 사랑 속에는 뜨거운 가슴과 실천이 없는 경우가 많다. 또한 예수 그리스도를 믿노라고 증거하며 교회 일에도 열심이지만 생활 속에서 전혀 믿음이 표현되지 않는 사람도 참된 그리스도인이라고 말할 수 없다. 이에 사도 요한은 "자녀들아 우리가 말과 혀로만 사랑하지 말고 오직 행함과 진실함으로 하자."라고 호소한다. 그러한 언행일치의 사랑이 예수를 가장 분명하게 본받는 것이다. 즉, 예수 그리스도를 믿는다는 것은 예수 그리스도의 삶과 가르침을 따라가는 것이며, 예수님이 자신의 삶을 통해 보여준 것처럼 낮은 자들 가운데 함께 거하는 것이다. 따라서 예수님을 믿고 따르는 그리스도인들은 주님의 언행일치의 사랑을 본받아야 한다.

3. 사랑으로 섬기는 교회

구약시대에 하나님이 이스라엘 백성을 택하신 까닭은 그들을 통해 온 인류에 대한 당신의 뜻을 나타내기 위함이었다. 또한 하나님께서 이 땅에 교회를 세우신 까닭도 교회를 통해 당신의 뜻과 사랑을 나타내기 위함이다. 따라서 그리스도 안에서 하나님의 부르심을 받은 교회는(고전 1:2) 그리스도를 주로 고백할 뿐만 아니라 온 세상에 구원의 복음을 전하며, 삶의 모든 영역에서 주님의 뜻을 성취해야 한다. 만일 교회가 자신만을 위해 존재하는 데 머물고 만다면 세상을 향한 하나님의 뜻을 나타낼 수 없는데, 그것은 곧 교회의 존재 목적과 사명을 잃어버린 것이다. 따라서 그리스도의 몸(골 1:18)으로서 교회는 예수님이 말씀하신 하나님 사랑과 이웃 사랑의 연결점이 되어야 한다. "인자의 온 것은 섬김을 받기 위함이 아니라 섬기기 위함(마 20:28)"이라는 말씀대로 섬김의 삶은 그리스도의 큰 사명이자, 또한 그리스도의 몸인 교회에 위탁하신 사명이다. 따라서 교회의 존재 목적은 이웃을 사랑하고 섬기는 것과 본질적으로 관련되어 있다. 즉, 교회는 세상 위에 군림하는 존재가 아니라 세상 속에서 어려움에 처한 사람들을 섬기고 봉사하는 존재가 되어야 한다(막 10:

42-45). 이를 위해 교회는 그리스도 안에서 한마음을 품고, 겸손한 마음으로 다른 사람을 존중함으로 하나됨을 이루어야 한다(빌 2:2-4). 또한 교회는 교회가 속한 지역사회를 예수 그리스도의 사랑을 구체적으로 실현하는 믿음 생활의 영역으로 여기고, 다양한 사회봉사를 통해 지역사회를 섬기고 세상 가운데서 소외되고 자아를 상실한 이들을 회복시키고 새로운 생활을 할 수 있도록 도와주어야 한다. 또한 그러한 사랑과 섬김을 통해 이 땅에 그리스도의 사랑을 전하고 하나님 나라를 확장해 나가야 한다. 이처럼 교회는 사회에서 가장 약한 사람들에게 관심을 가지고 서로의 연약함을 함께 나눌 때 참다운 그리스도의 공동체를 이루게 된다. 또한 교회는 비폭력적인 사랑의 방법을 통해서 정의롭지 못한 이 세상의 사회 구조에 영향을 끼쳐서, 긍정적인 변화를 이루는 일에 동참해야 한다. 교회가 사회의 공동된 문제를 해결하기 위해 적극적으로 참여하고, 그리스도께서 자신을 내어주신 것처럼 교회가 자신을 희생하여 나누어주고 사랑으로 섬길 때 사람들이 진정한 교회의 모습을 발견할 수 있게 될 것이다.

 평신도 제자훈련 교재 관심갖기 　　　　　　세상의 소금과 빛?

세상의 소금과 빛이 되어야할 교회가 최근 믿지 않는 이들에게 부정적인 인식을 안겨주는 경우가 늘고 있습니다. 일부 교회를 향한 일부 사람들의 평가라고 여길 수도 있겠지만 교회의 평신도 지도자라면 한 번쯤은 고민해 보아야 할 문제입니다. 다음의 글을 읽고 주어진 질문에 답해 봅시다.

> 2007년 '한국 기독교 목회자협의회'와 '국민일보'가 공동으로 전국 1,500명 성인남녀 기독교인들을 대상으로 조사한 내용을 살펴보면, 타 종교에 비해 개신교가 호감이 덜 가는 이유에 대해서 다음과 같이 발표하고 있다.

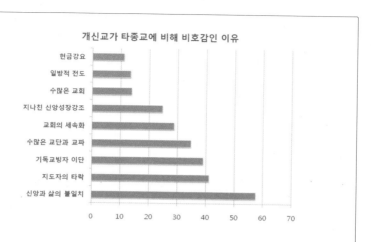

개신교가 타종교에 비해 비호감인 이유

- 헌금강요
- 일방적 전도
- 수많은 교회
- 지나친 신앙성장강조
- 교회의 세속화
- 수많은 교단과 교파
- 기독교빙자 이단
- 지도자의 타락
- 신앙과 삶의 불일치

0 10 20 30 40 50 60 70

이러한 조사 결과의 연장선상에서 2006년 5월 26일 통계청에서 발표한 2005년도 전국 인구조사 보고서에 나타난 결과는 결코 우연이 아닐 수 있다. 지난 10년 동안 천주교 신자는 무려 74.4% 증가, 불교 신자는 13.9% 증가한 데에 반하여, 기독교 신자는 총 876만 6,000명으로, 1.6%(14만 4,000명) 감소했다. 무엇보다도 눈길을 끄는 대목은 한국 사회의 유력 종교 가운데 가장 성장지향적인 개신교만 유일하게 감소세를 나타내고 있다는 것이다.

위의 설문조사 결과에 대해 어떻게 생각하십니까?

각자의 생각을 나누어 본다.

이 땅에 복음이 처음 전파되었을 때, 교회는 일본 제국주의의 침탈과 봉건주의의 굴레 아래 고통 받던 민족에게 새로운 희망의 모태가 되기에 충분했었다. 우리 민족은 자발적이고 주체적으로 교회와 복음을 받아들였고, 그것은 세계 교회사에 유래 없이 놀라운 선교 업적을 가능하게 하였다. 그런데 안타깝게도 현재의 한국교회는 앞서 간 믿음의 선진들이 물려준 위대한 신앙의 유업들을 무색케 하는 절박한 존재론적 위기상황에 봉착해 있다. 여러 조사에서 살펴본 것처럼, 많은 사람들이 교회와 그리스도인들에 대해 부정적인 이미지를 갖고 있고, 이로 인해 교회가 지역사회와 불신자들에게 긍정적이고 영향력 있는 소금과 빛의 역할을 감당하지 못하고 있는 것이다. 이러한 위기를 해결하기 위해서는 먼저 한국교회의 철저하고 겸허한 자기반성이 요구되며, 이와 함께 교회 스스로가 자기정체성을 회복하고 사명을 수행하기 위한 실제적이고 구체적인 노력들을 해야 할 것이다. 교회는 세상 속에서 더불어 살아가면서 하나님 나라와 그리스도의 사랑을 보여주고 신앙 공동체로서의 지경을 넓혀 나가야 한다. "너희가 이방인 중에서 행실을 선하게 가져 너희를 악행한다고 비방하는 자들로 하여금 너희 선한 일을 보고 오시는 날에 하나님께 영광을 돌리게 하려 함이라"(벧전 2:12).

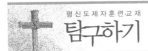

행함과 진실함의 사랑

배울말씀인 요한일서 3장 10-18절을 읽고 주어진 질문에 답해 봅시다.

1. 하나님의 자녀가 된 그리스도인들이 세상 사람들에게 자신들이 참된 하나님의 자녀임을 보여줄 수 있는 방법은 무엇일까요? (10절)

   의를 행하는 것과 형제를 사랑하는 것

요한은 '하나님의 자녀인가, 마귀의 자녀인가'를 판별하는 시금석으로 '의와 사랑'을 제시한다. 즉, 의와 사랑이 없는 자는 자기 자신의 행위로 말미암아 마귀에게 속한 자임을 드러낸다. '의'는 하나님과의 관계에서든 아니면 타인과의 관계에서든 간에 '온전함'을 의미하며, '사랑'은 타인에 대한 '의로움'을 뜻한다. 이처럼 의와 사랑은 서로 분리할 수 없는 깊은 연관성을 갖고 있으며 하나님의 자녀된 자들이 닮아야 할 하나님의 본질적인 특성이다.

그리스도인으로서 '의롭게 행한다'는 것은 단순하게 옳은 행동을 한다는 의미가 아니다. 그것은 그의 인격과 삶속에 하나님의 본질적 특성인 '의로움'이 존재한다는 것을 보여주는 것이며(요일 2:29; 3:7), 그로부터 의로운 행동이 흘러나오는 것이다. 하나님의 정의를 얘기하고 신실한 신앙을 흉내내는 것은 누구든지 할 수 있다. 그러나 예수님께서 행하셨던 것과 같은 동기를 가지고 삶 전반에서 의를 실천하는 것은 예수 그리스도에 대한 믿음을 가진 자들만 할 수 있다. 그리스도인은 이 믿음, 즉 의를 실행할 수 있는 믿음을 가져야 한다.

또한 사랑이신 하나님은(요일 4:8) 우리를 사랑하셨으며, 그리스도인들은 그분 안에서 또한 그분을 통해 다른 사람들을 사랑하도록 부름 받았다(요 3:16; 4:8,16). 아무리 당당하게 세상의 죄악을 외치고 진리를 선포한다 할지라도 형제를 사랑하는 마음과 사랑을 실천하는 행위가 없다면 그 외침은 거짓이다. 형제를 사랑하는 것은 곧 진리를 실천하는 것이요 진리에 거하는 증거가 된다. 불의를 책망하는 일에는 앞장서면서 형제를 사랑하는 일에는 지극히 소극적인 태도를 취하거나 형제를 돌보고 섬기는 일에만 치중하여 때때로 세상과 타협하거나 불의한 방법을 사용하는 것 모두 바람직하지 않은 것이다. 따라서 '의를 행하는 것'과 '형제를 사랑하는 것'은 하나님의 뜻에 순종하는 것이며, 또한 그것이 하나님의 자녀가 되었다는 표증이 된다.

2. 형제를 미워하는 자와 사랑하는 자의 표본으로 제시된 사람은 각각 누구이고, 이들이 행한 행위는 구체적으로 어떤 것입니까? (12, 16절)

  1) 형제를 미워하는 자 : 가인–동생 아벨을 미워하여 죽임(살인)

  2) 형제를 사랑하는 자 : 그리스도–우리를 위하여 자기 목숨을 버리심(자기희생 의 사랑)

요한은 형제를 미워하는 자의 표본으로 창세기 4장에 나오는 가인(12절)을 예로 들고, 형제를 사랑하는 자의 표본으로 예수 그리스도(16절)를 언급함으로, 자신이 강조하고 있는 사랑이 어떠한 것인가를 분명하게 보여준다. 가인은 동생 아벨을 살해함으로 자기 자신이 '악한 자에게 속해 있음'을 스스로 드러내었다. 그런데 가인이 아벨을 살해한 이유는 아벨의 의로운 행위를 보시고 하나님께서 축복해 주신 것을 시기했기 때문이다(12절, 창 4:5-8). 이처럼 악한 행위는 악한 마음에서 비롯되며, 형제를 미워하는 마음은 하나님과 대립되는 행동을 수반한다. 가인의 살해는 형제를 사랑할 줄 모르는 악한 마음이 외적 행위로 표출된 것이다. 따라서 요한은 '사랑하지 않음'과 '미워함', 그리고 '살인하는 것'이 동일하다고 말한다. 이것은 살인자의 회개와 사죄 가능성을 부인하는 것이 아니라 단지 살인이 미움과 시기에서 비롯된다는 사실과 살인하는 자의 현재는 영생과 무관하다는 점을 강조하고 있는 것이다(15절). 한편, 요한은 자기희생적 사랑의 본보기로 예수 그리스도께서 모든 사람을 위해 목숨을 버리셨던 십자가 사건을 제시한다. 예수께서는 멸망할 수밖에 없는 인간들을 십자가로 구속하심으로, 하나님께 속한 참된 사랑이 미움을 극복한다는 사실을 보여 주셨다. 따라서 예수님을 믿고 따르는 그리스도인들은 그가 하신 일을 본받아 자기를 희생하고 다른 사람을 사랑하는 일에 동참해야 한다(요일 2:6).

3. 우리가 하나님의 자녀로서 다른 사람들을 사랑하고 섬기는 것이 마땅한 이유는 무엇입니까? (요일 4:10-11, 요 15:12)

하나님이 우리 죄를 속하기 위해 그 아들을 화목제물로 보내셔서 먼저 우리를 사랑하셨으므로, 또한 예수님께서 '내가 너희를 사랑한 것같이 너희도 서로 사랑하라'고 명하셨으므로

하나님의 사랑은 그리스도를 통해서 나타난다. 하나님은 모든 사람을 위해 그리스도를 화목제물로 보내심으로 당신의 사랑을 나타내셨다. 또한 예수님은 당신의

삶을 통해 인간을 향한 하나님의 깊은 사랑을 증거하셨다. 예수 그리스도께서 인간의 육신을 입고 이 땅에 오신 것 자체가 예수님께서 인간을 극진히 사랑하신다는 증거다. 이처럼 참된 사랑은 위에서 아래로 베푸는 자선이나 동정과 분명히 구별된다. 같은 처지, 동일한 조건 속으로 자기를 투신하는 노력을 통해 서로 삶을 공유할 수 있을 때 참다운 사랑의 교제가 이루어진다. 또한 예수님은 친구를 위해 자기 목숨 버리는 것을 가장 완전한 사랑이라고 증거하셨다(요 15:13). 실제로 예수님은 십자가의 죽음을 통해 완전한 사랑의 본이 되셨다(요일 3:16). 따라서 '서로 사랑하라'는 예수님의 새 계명은(요 15:12) 하나님의 사랑에 대한 응답이다. 인간들을 위해 목숨을 버릴 만큼 참다운 사랑을 실천하셨던 예수 그리스도의 사랑으로 죽음에서 생명을 얻은 그리스도인들은 예수님의 말씀에 순종하고 그 말씀대로 사랑을 실천해야 한다.

4. 성경은 하나님의 사랑을 품고 사는 그리스도인이 생활 속에서 실천할 수 있는 구체적인 사랑의 예로 어떤 모습을 보여주고 있습니까? (17절)

세상 재물을 가지고 형제의 궁핍함을 도와주는 것

요한은 생활에서 충분히 실행할 수 있는 구체적인 사랑의 예로 최소한의 생활조차 어려운 사람을 도와주는 것을 제시하고 있다. 여기서 '재물'은 단순한 재물이 아니라 '삶의 수단으로서의 재물'을 의미한다(막 12:44). 또한 '보고도'는 그냥 한번 쳐다보는 것이 아니라 '오랫동안 지켜보는 상태'를 가리킨다. 즉, 그 사람은 다른 사람의 궁핍함을 살펴볼 충분한 시간을 갖고 있었기에, 그가 궁핍에 처한 이웃을 외면한 행동이 정당화될 수 없다는 것을 의미한다. 그리스도인들은 그리스도를 통해 하나님 안에 거할 뿐 아니라(요일 2:24), 그분의 자녀로서 하나님의 사랑을 품고 그 사랑의 마음을 다른 사람들에게 표현해야 한다. 만약 그러한 사랑의 마음이 없으면 궁핍한 이웃들을 긍휼히 여기는 마음이 쉽게 사라지고 만다. 따라서 요한은 생활이 어려운 형제를 보고도 그의 궁핍함을 도와주지 않으면 하나님의 사랑이 있다고 말할 수 없다는 것을 역설적으로 강조한다. 요한은 부자만 자신의 소유를 다른 사람들과 나누어야 한다고 말한 것이 아니라, 다른 사람들을 물질적으로 도울 위치에 있는 모든 그리스도인이 그렇게 해야 한다고 강조하고 있다. 왜냐하면 '서로 사랑하라'는 사랑의 계명은 하나님의 사랑을 체험하고 하나님 안에 거하는 자들에게 당연히 나타나야 할 실천 행위이기 때문이다. 그리스도인에게 있어서 사랑의 삶은 하나님과의 연합을 드러내는 증거다. 그것은 타인에 대한 사랑으로 표현되어야 한다(요일 4:16).

5. 그리스도인이 말로만 사랑하지 않고 행함과 진실함으로 사랑을 실천해야 하는 이유는 무엇입니까? (요 13:34-35, 약 2:15-17)

1) 행함이 없는 믿음은 죽은 믿음이므로(행위는 믿음의 표현이다.)
2) 언행일치의 사랑이 예수를 가장 분명하게 본받는 것이므로

예수 그리스도에 대한 믿음의 유무야말로 그리스도인과 비그리스도인을 구분하는 가장 분명한 기준이다. 그러나 믿음은 인간의 중심까지도 꿰뚫어 보시는 하나님만이 판단하실 수 있는 신앙의 내적 증거이므로 육안으로 식별하기가 쉽지 않다. 그런데 믿음은 인간의 내부에 그냥 잠재해 있는 것이 아니라 행동으로 전환되어 나타나는 특성을 지니고 있다. 따라서 행동이 믿음의 외적 표현이요 증거라고 할 수 있다. 성도들이 자신의 생활 터전에서 살아가면서 보여주는 모습들이 곧 그가 지닌 믿음의 고백이다. 예수 그리스도를 믿노라고 증거하며 교회 일에도 열심이지만 생활 속에서 전혀 믿음이 표현되지 않는 사람은 참된 그리스도인이라고 말할 수 없다. 행함이 없는 믿음은 죽은 믿음이고, 행위가 온전치 못하다는 것은 곧 믿음이 온전치 못하다는 것을 증거하기 때문이다. 또한 언행일치의 사랑이 예수를 가장 분명하게 본받는 것이다. 예수께서는 "아버지께서 나를 사랑하신 것같이 나도 너희를 사랑하였으니 나의 사랑 안에 거하라(요 15:9)."라고 말씀하셨다. 예수 그리스도의 삶은 사랑의 삶이었다. 따라서 우리가 가장 분명하게 예수 그리

스도를 본받고자 한다면 그의 언행이 일치된 사랑을 본받아야 한다.

6. 이웃을 사랑하고 섬김을 실천하는 일은 그리스도인의 사명인 동시에 그리스도의 몸 된 교회의 사명이기도 합니다. 교회가 섬기는 사명을 해야 하는 근거는 무엇입니까? (막 10:42-45)

교회는 세상 위에 군림하는 존재가 아니라 세상 속에서 어려움에 처한 사람들을 섬기고 봉사하는 존재가 되어야 한다. 왜냐하면 그리스도께서는 섬기기 위해 이 땅에 오셨고, 당신의 목숨을 주시기까지 우리들을 섬겨 주셨기 때문이다. 교회는 예수님의 삶의 명령을 이어받아야 한다.

교회는 그리스도 안에서 하나님의 부르심을 받은 사람들의 모임이고(고전 1:2), 그리스도의 몸(골 1:18)으로서 삶의 모든 영역에서 그분의 다스림을 받겠다고 헌신한 사람들의 공동체라 할 수 있다. 따라서 교회가 하는 모든 활동은 주님의 뜻에 따라 그 뜻을 성취하는 데 목적을 두어야 한다. 예수 그리스도의 뜻을 따르는 삶은 본질적으로 이웃을 불쌍히 여기는 것과 관련되어 있다. 또한 사회는 더 이상 피해야 할 대상이 아니라 예수 그리스도의 주 되심이 구체적으로 실현되는 믿음 생활의 영역이다. 그러므로 예수 그리스도께서 주 되신 공동체로서 교회는 본질적으로 사회와 떨어질 수 없는 관계를 갖는다.

한편, 교회의 사명 중에는 디아코니아, 즉 섬김의 사역이 있다. 디아코니아의 본래 의미는 식사 때 시중드는 행위를 뜻한다. 식사 시중을 드는 것은 종의 역할이므로 굴종을 연상하기 쉽지만 예수님의 관심사는 단순히 식사 시중이나 부양과 생계를 돌보는 자선행위에 그치지 않았다. 그분의 근본 관심사는 '남을 위한 존재'에 있었다. "인자의 온 것은 섬김을 받기 위함이 아니라 섬기기 위함(마 20:28)"이라는 말씀대로 봉사 그 자체는 그리스도의 큰 사명이자, 또한 그리스도의 몸인 교회에 위탁하신 사명이다. 따라서 지역사회와 이웃을 섬기고 봉사하는 것은 교회가 해야 할 당연한 사명이다. 교회는 세상 위에 군림하는 존재가 아니라 세상 속에서 어려움에 처한 사람들을 섬기고 봉사하는 존재가 되어야 한다.

7. 교회가 교회다운 모습을 회복하고, 교회의 사명대로 사랑과 섬김을 실천하기 위해서 어떻게 해야 합니까? 빌립보서 2장 2-4절의 말씀을 읽고 생각해 봅시다.

1) 한마음을 품으라 (교회의 일치)
2) 무슨 일이든 다툼이나 허영으로 하지 말고 겸손하게 남을 낫게 여기라 (겸손함)
3) 각각 자기 일을 돌보며 또한 각각 다른 사람의 일을 돌보아 나의 기쁨을 충만케 하라 (이웃사랑 실천하기)

교회는 하나님께로부터 받은 사명을 가지고 있다. 그것은 온 세상에 구원의 복음을 전하고, 어둡고 썩어져가는 세상에서 소금과 빛의 역할을 다함으로 하나님의 영광을 나타내는 것이다. 이를 위해 교회는 교회 내의 지체들을 사랑하고 섬길 뿐 아니라 교회 밖에 있는 어려운 이웃들도 사랑하고 섬겨야 한다. 그러한 사랑과 섬김을 실천하기 위해서 무엇보다 그리스도 안에서 한마음을 품어야 한다. 그것은 단순히 지적인 문제만 가리키는 것이 아니라 '감정', '태도', '의지'를 같이하는 것을 의미한다. 이를 통해 교회는 교회 내의 분쟁이나 불화를 극복하고 세상의 핍박과 유혹 속에서 믿음을 지켜나갈 수 있다. 또한 교회는 이러한 하나됨과 일치를 이루기 위해 '다툼과 허영'을 버려야 한다. 다툼과 허영을 버리고 겸손한 마음으로 다른 사람을 존중해야 한다. 신약시대에 '겸손'은 미덕이 아니라 노예근성에서 비롯된 '굴욕'과 '비굴함'을 의미하였다. 그런데 그리스도께서 이 땅에 오셔서 '겸손의 본'을 보여주심으로 '겸손'은 기독교 최대의 미덕이 되었다. 이런 '겸손'을 통해서 교회는 하나됨과 섬김의 삶을 이루게 된다. 이러한 그리스도인의 삶은 자신의 힘과 능력만으로는 이룰 수 없다. 따라서 우리는 하나님의 백성으로 주님의 사랑을 섬김으로 실천하는 데 있어 느끼는 어려움과 절망, 핍박 속에서 오직 주님만 바라보며, 주님이 공급하시는 힘과 능력으로 해야 한다(벧전 4:11).

아래의 글을 읽고 주어진 질문에 답해봅시다.

> 서울시 영등포구 당산동에 위치한 D교회는 지역 노숙자의 자활에 힘쓰고 있다. 그들의 믿음을 회복시키고 그들이 새 삶에 대한 희망을 찾아서 다시 사회로 돌아갈 수 있도록 돕고 있는 것이다. 특히 이들의 상처를 보듬어 주어서 영혼의 상처를 치유하는 데 힘쓰고 있다. 이 교회는 지난 1986년 23명의 교우가 함께 모여 첫 예배를 드림으로 시작되었는데, 교회의 바른 모습을 꿈꾸며 교회와 교인의 성숙과 성장을 지향한다.
>
> 또한 D교회는 당산 지역의 결손 가정 아이들을 위해 방과 후 학교를 운영하고 있다. 아이들은 방과 후 학교를 통해 부족한 사랑을 채우고, 공부지도, 숙제, 인성지도, 신앙지도 등을 받는다. 담임목사인 오 목사는 "처음엔 열정만 있으면 될 줄 알았는데, 단지 열정만 있다고 되는 게 아니었다. 어느 순간 아이들을 억지로 잡아놓고 가르쳐 봐야 안 된다는 것을 깨닫게 되었다. 대신, 아이들을 배려하고, 아이들이 하고 싶은 대로 자유를 주어 그들이 마음을 열고 자발적으로 참여를 할 수 있는 환경을 만들었다."라고 말했다. 또한 D교회는 지역 노숙인을 위한 쉼터를 운영하고 있다. 이 쉼터는 IMF때부터 시작했는데 지금은 경제적 불황으로 인해 노숙인들이 늘어나는 추세이다. 서울시의 보조금을 받아 운영하고 있는 이 쉼터를 통해 지역 노숙인들이 식사와 숙소를 제공받고 있다. 오 목사는 "노숙인들의 인격을 최우선하는 것이 중요하다." 또한 "백 마디, 천 마디의 친절한 말을 하는 것보다 묵묵히 그들이 마음 편히 쉴 수 있는 환경을 제공하는 것이 진정한 봉사이다."라고 말했다. 이어 오 목사는 "현재 노숙인에 대한 식사, 숙식제공 등과 같은 봉사는 이미 많은 교회에서 실시하고 있다. 문제는 노숙인을 이해하고 그들에 대해 연구하는 노숙인에 대한 전문적인 인력이 부족하다는 것이다."라고 지적했다.
>
> 이제 새로운 비전을 꿈꾸는 D교회는 분립개척을 비롯한 건전한 교회상을 세워 한국교회에 이바지하는 역할에 힘쓰고 있다. 이러한 때에 지역 주민과

아이들을 위한 나눔과 봉사라는 사랑의 실천으로 복음을 전하며, 더 넓고 깊이 있는 교제를 나누고 있다.

〈기독신문〉

1. 우리는 믿음과 사랑의 공동체인 교회의 지체요 그리스도를 주로 고백하는 그리스도인입니다. 이러한 신분으로서 당신은 어떤 행함을 통해 당신의 믿음을 보여주고 있습니까?

   각자의 생각과 상황을 이야기해 본다.

2. 교회가 세상에서 소금과 빛의 사명을 다하기 위해서 어떤 사역들을 펼쳐 나가야 할까요?

   함께 의견을 나누고 의논한다.

   세상에서 소금과 빛의 역할을 하는 교회의 모습을 일반적인 용어로 표현하면 일부의 내용은 '사회봉사'라고 할 수 있을 것이다. 사회봉사는 한 사람의 힘으로 할 수 없는 영역이다. 조직적이고 체계적이어야 하고 연합적으로 이루어져야 한다. 이를 위해 지도자는 많이 연구하고 훈련해야 한다. 무엇보다 중요한 것은 사회봉사를 실천함에 있어서 교회가 가져야 할 태도다. 즉 자선의 차원이 아니라 은혜를 입은 자로서 받은 은혜를 나누며 은혜를 갚는다는 자세를 가져야 한다. 섬기기를 택하는 것과 종이 되기를 택하는 것에는 큰 차이가 있다. 섬기기를 선택할 때는 자신이 누구에게 봉사할 것이고, 언제 봉사할 것인가를 결정한다. 그러나 종이 되고자 선택했을 때에는 누구에게, 언제, 어떻게 섬길 것인가를 주인이 결정한다. 종은 주인을 따라야 하기 때문이다. 종의 상태가 강제적인 것일 때에 그것은 잔인하고 비인간적인 것이지만, 자유로이 선택한 종의 상태일 때에는 모든 것이 달라진다. 바로 여기에 참 자유와 큰 기쁨이 있다. 사회는 교회가 자리 잡고 있는 터전이요, 교회가 자리 잡고 일해야 할 일터다.

실천하기 평신도 제자 훈련 교재 지역사회를 위한 우리들의 10대 과제

1. 우리교회가 속한 지역사회가 해결해야 하는 가장 중요한 문제가 무엇인지 생각해 봅시다. 그리고 그 문제를 해결하기 위해서 교회가 할 수 있는 사역이 무엇인지 정리해 봅시다.

우리 지역사회의 문제점	지역사회의 문제를 해결하기 위해 우리교회가 할 수 있는 사역
육아 및 자녀교육 문제 청소년 문제 성폭력 문제 지나치게 상업적이고 유해한 환경 노인문제 외국인 노동자 문제 주거 및 생활 문제 교통 문제	1)유치원 및 유아원(놀이방) 사역 2)기독교학교 및 장학 사역 3)청소년, 가정폭력, 성폭력 상담소 사역 4)아동복지 사역/장애인복지 사역 5)방과 후 학교, 청소년 공부방 사역 6)노인복지와 노숙자 지원 사역 7)외국인 노동자 사역 8)지역주민을 위해 교회 공간과 주차장 개방하기 9)독거노인, 소년소녀가장 돕기 사역 10)장애우들의 외출을 돕는 사역

우리교회가 속한 지역사회의 문제와 요구 등을 파악하고 이러한 문제를 해결하기 위해 교회가 할 수 있는 사역들이 무엇이 있는지 함께 생각해 본다.

2. 아래의 내용은 "지역사회를 섬기는 교회의 10대 과제"입니다. 빈칸에 들어갈 적절한 구절을 보기에서 골라서 "지역사회를 섬기는 교회의 10대 과제"를 완성해 봅시다.

<〈지역사회를 섬기는 교회의 10대 과제 〉

❶ 교회는 언제나 하나님을 사랑하고 (이웃을 사랑)하는 일에 균형을 이룬다.

❷ 교회는 그리스도를 따라 언행일치의 사랑으로 지역사회를 섬긴다.

❸ 교회는 중보기도를 통해 지역사회를 섬긴다.

❹ 교회는 (부정부패와 타락한 문화)를 개선함으로 지역사회를 섬긴다.

❺ 교회는 소외된 이웃을 도움으로 지역사회를 섬긴다.

❻ 교회는 (하나님께서 주신 물질)을 사용하여 지역사회를 섬긴다.

❼ 교회는 교회의 건물을 사용하여 지역사회를 섬긴다.

❽ 교회는 (약하고 힘없는 사람들) 편에 섬으로 지역사회를 섬긴다.

❾ 교회는 지역사회의 발전과 긍정적인 변화에 (솔선수범함)으로 지역사회를 섬긴다.

❿ 교회는 지역사회의 화평과 평안을 위해 먼저 섬기는 사역을 실천한다.

보기

| 이웃을 사랑 | 약하고 힘없는 사람들 | 부정부패와 타락한 문화 |
| 솔선수범함 | 하나님께서 주신 물질 | |

"지역사회를 섬기는 교회의 10대 과제"를 완성한 후 다함께 큰소리로 읽어 본다. 그리고 이러한 내용을 마음에 새기고 세상을 향한 교회의 섬김의 사역을 잘할 수 있게 해달라고 통성으로 기도하고 모임을 마친다.

살아 있는 교회는 늘 공간이 부족하다.
그러나 죽어 가는 교회는 공간을 염려하지 않는다.
살아 있는 교회는 항상 변화하나
죽어 가는 교회는 늘 똑같다.
살아 있는 교회는 아이들의 재잘거리는 소리로 늘 시끄러우나
죽어 가는 교회는 죽은 듯이 조용하다.
살아 있는 교회는 언제나 일꾼이 부족하나
죽어 가는 교회는 일꾼을 찾을 필요가 없다.
살아 있는 교회는 선교사업이 활발하나
죽어 가는 교회는 교회 안에서만 움직인다.
살아 있는 교회는 주는 자(giver)로 가득 차 있고
죽어 가는 교회는 티내는 자(tipper)로 차 있다.

스피노스 조디아티 목사

새길말씀 외우기

자녀들아 우리가 말과 혀로만 사랑하지 말고 행함과 진실함으로 하자
(요일 3:18)

다함께 드리는 기도

1. 오늘 배운 말씀과 내용을 생각하며 다함께 기도하는 시간을 갖도록 합
시다.
2. 오늘 참석한 구성원들을 위해서 이름을 불러 가며 중보의 기도를 합시다.
3. 오늘 참석하지 못한 구성원이 있으면 그 사람을 위해 더욱 뜨거운 마음
으로 기도합시다.
4. 한 주간의 삶을 통해서 오늘 배우고 익힌 내용들을 삶으로 살아갈 수 있
도록 기도합시다.
5. 하나님의 은혜 가운데서 한 주를 살고, 다음 모임 시간에 모두가 모일 수
있도록 기도합시다.

* 사역자로서 이 과를 마치고 난 느낌이나 소감, 다짐 등을 간단하게
말해 봅시다.

다음 모임을 위하여

1. 다음 주에 읽어야 할 성경말씀을 읽고 확인합시다.
2. 45과의 배울말씀인 누가복음 15장 1–32절을 읽고 묵상합시다.

평신도제자훈련교재
평가하기

평가항목	세부사항	그렇다	그저 그렇다	아니다
인도자의 준비도	인도자는 본 과의 교육목적을 이룰 수 있도록 충분하게 준비했습니까?			
교육목표의 성취도	1. 학습자들은 자신의 잘못된 선입견과 고정관념을 버리고 순수한 마음으로 주님을 만날 준비가 되었습니까? 2. 학습자들이 예수에 대하여 지식적으로 아는(know) 단계에서 체험적으로 아는(see) 단계로 발전하고자 결단하게 되었습니까?			
학습자의 참여도	학습자들이 진지하고 적극적인 태도로 성경공부에 임했습니까?			
성경공부의 분위기	성경공부를 하는 동안 학습자들이 편안한 분위기를 느낄 수 있었습니까?			
기타 보완할 점	기타 보완할 점이나 건의사항이 있습니까?			

성경 읽기표

읽을 범위		월 일 주일	월 일 월요일	월 일 화요일	월 일 수요일	월 일 목요일	월 일 금요일	월 일 토요일
	구약	주일은 설교말씀 묵상	욘 1~4장	미 1~3장	미 4~7장	나 1~3장	합 1~3장	습 1~3장
	신약		요 13~15장	요 16~18장	요 19~21장	행 1~3장	행 4~6장	행 7~9장
확인								

12단원
사역자는 예비 사역자를 후원합니다

단원 설명

12단원에서는 사역자의 사명으로써 또 다른 사역자를 세우는 것에 대해 다룬다. 사역자에게 있어서 가장 최종적인 사명이 있다면 바로 자기와 같은 사역자를 세우는 일이다. 이 일이 있었기에 1세기 초대교회로부터 21세기인 오늘에 이르기까지 복음이 증거될 수 있었다. 그렇다면 세세토록 이 복음이 증거되기 위해서는 마찬가지로 끊임없이 새로운 사역자들이 양산되어야 한다. 한 명의 사역자가 세워질 때, 우리는 그 한 명의 사역자를 통해 이루어갈 놀라운 일들을 기대할 수 있다. 이미 세워져서 사역하고 있는 사역자는 맡은 사명을 감당하면서 자신을 도와서, 혹은 자신과 함께 동역할 수 있는 예비 사역자를 위해 기도할 수 있어야 한다. 그는 한 영혼을 사랑하되 천하보다도 귀히 여길 수 있는 마음을 가지고 있어야하며, 동시에 그 한 영혼을 위해 이 땅에 예수님께서 친히 오시어 섬김과 희생을 감당하셨음을 깨닫고, 자신도 그렇게 한 영혼을 섬기겠다는 결단이 있는 사람이어야 한다. 이를 위해 이미 사역자가 된 리더는 기도하면서 새로운 사역자를 발굴하기 위해 자신의 삶 속에서 지도자로서의 모본을 보여야 하며, 그로 인해 능력 있는 삶의 열매를 나타낼 수 있어야 한다. 예비 사역자는 그 속에서 발견되기 때문이다. 한편, 예비 사역자가 세워지면 교회와 이미 사역자인 리더를 통해 그를 위한 아낌없는 후원이 지원돼야 한다. 이것은 세상의 그 어떤 투자와도 견줄 수 없는 가치가 있다. 교회는 예비 사역자에게 적절한 책임과 위임을 부여하고, 이미 사역자인 리더와의 유기적인 관계를 통해서 파트너십을 가질 수 있도록 격려하며, 결정적인 비전과 사명을 공유함으로 적극적인 사역자로 훈련될 수 있도록 배려해야 한다. 하나의 가치가 시대를 이어서 단절되지 않고 유구히 전해지기 위해서는 그 가치의 크기도 중요하지만 그것을 전달할 수 있는 매개자 역시 그에 못지않게 중요하다. 잘 훈련된 사역자가 세워지는 일은 한 공동체가 건강해지고, 또 건강하게 세워지는 데 있어서 정말 중요한 일임에 틀림없다. 본 단원의 마지막과인 48과는 소그룹을 실제로 운영하는 데 있어서 예비 사역자들이 실제 워크샵을 통해 소그룹 모임을 인도할 수 있도록 한 매뉴얼이다. 이는 기존의 소그룹 모임을 새로운 방향으로 인도해 보고자 할 때, 하나의 예가 될 수 있다.

45

온 천하와
바꿀 수 없는 한 생명

배울말씀 누가복음 15장 1-32절

도울말씀 삼상 20:17; 26:21, 욥 12:10, 시 49:6-8, 잠 14:25, 사 43:4; 53:12, 겔 3:18,
막 8:36-37, 눅 12:15, 요 3:16; 5:24, 행 13:46, 고후 2:16, 계 20:15

새길말씀 내가 너희에게 이르노니 이와 같이 죄인 한 사람이 회개하면 하늘에서는 회개할 것 없는
의인 아흔아홉으로 말미암아 기뻐하는 것보다 더하리라 (눅 15:7)

이룰 목표

① 한 생명의 가치가 온 천하보다 더 크다는 것을 안다.

② 그 한 영혼을 위해 예수 그리스도께서 이 땅에 오셨음을 깨닫는다.

③ 한 영혼의 소중함을 사역 속에서 실천한다.

교육흐름표

10 min	10 min	15 min	15 min	10 min
O.T.	관심	탐구	관점	실천

교육진행표

구분	오리엔테이션	관심갖기	탐구하기	관점바꾸기	실천하기
제목		생명의 다리	잃어버린 생명	돈을 따질 수 없는 생명!	한 사람을 위한 말!
내용	환영 및 단원 개요 설명	생명의 가치	새 생명	생명의 가치	관계 세우기
방법	강의	생각 나누기	성경 찾아 답하기	생각 나누기	표 작성하기 및 실천하기
준비물	출석부		성경책		
시간(60분)	10분	10분	15분	15분	10분

'교회를 세우는 사역'의 전 과정은 마지막 단원인 '사역자는 예비 사역자를 후원합니다.'를 지향한다. 그것은 이 과정이 사역자를 세우기 위한 교육과정이고, 사역자를 세우기 위한 교육과정에서의 핵심이며, 최종목표는 또 다른 사역자를 세우는 것이기 때문이다. 이를 위해 우리는 1단원 1과에서부터 사역자의 정체성은 무엇인지, 사역자로 세워지기 위해서 어떠한 훈련을 받아야 하는지, 훈련받은 사역자는 어떠한 모범을 보여야 하는지, 그리고 사역자의 사명은 무엇인지에 대해 훈련받았다. 본 단원을 통한 훈련을 마치게 될 때, 우리는 결국 이러한 훈련의 과정을 통하여 세워진 사역자는 자신의 사명의 정점이 또 다른 사역자를 세우는 것임을 알게 될 것이다.

오늘날 교회는 초대교회가 보여주었던 생명력과 복음의 능력을 상실하고 있다. 이에 대한 이유를 외부적인 요인인 세상의 가치들, 즉 물질만능주의, 과학만능주의, 현세기복주의 등에서도 찾을 수 있겠지만, 무엇보다 교회가 그 본질에서 이탈하였다는 것이 가장 큰 원인이다. 하나님이신 예수 그리스도에 대한 경외(敬畏), 그리고 한 영혼에 대한 사랑이 믿는 자들의 모임인 교회의 본질이요, 핵심 가치다. 이러한 본질 위에 교회는 여러 가지 형식과 양식을 갖추어 또 수행한다. 예컨대, 예배, 찬양, 기도, 선교, 봉사, 교육, 교제 등이 그것이다. 그런데 외형적인 모습만 견주어보면 오늘날의 교회는 초대교회보다 월등하다. 교회의 조직, 사역자, 재정, 기술, 건물 등 어느 것 하나 부족한 것이 없음에도, 오늘날의 교회는 '초대교회로 돌아가자!'는 구호를 통해 무려 2천년 가까이 되는 과거로 회귀하고자 한다. 그 이유는 무엇일까? 바로 초대교회에 있었던 생명력과 복음의 능력이 오늘날에는 없기 때문이다. 엄밀히 말하면 우리는 돌아갈 수 없다. 돌아갈 수 없음에도 그러한 구호를 외치는 이유는 그 당시에는 있었지만 오늘날 상실해 버린 것을 회복하자는 바람이다. 그것은 하나님이신 예수 그리스도를 뜨겁게 사랑하고, 섬기는 것이며, 동시에 한 영혼을 소중히 여기신 예수님의 마음을 믿는 자들의 삶 속에서 실행하자는 요청이다.

하나님께서는 제자훈련을 통해 이 땅에 오셔서 직접 수행하신 영혼에 대한 끝없는 사랑을 우리에게 위임하신다. 그것은 본디 하나님의 일이요, 역사이지만, 이제 우리와 함께 동역하시기 원하신다. 그러므로 이 위임은 하나님께서 맡기시는 사명이다. 그러므로 우리는 성서를 통해 보이신 하나님의 심정을 가지고 이 일을 감당해야 한다. 예수님께서 이 땅에 오시기까지 낮아지신 모범을 따라, 우리도 겸손함으로, 예수님께서 십자가에 죽으시기까지 몸소 보이신 모범에 따라, 우리도 충성됨으로 이 사명을 감당해야 한다.

그런 의미에서 사역자는 한 영혼을 위해 파송 받은 선교사다. 이는 내가 이 과정을 통해 사역자로 훈련받고, 주신 사명을 감당하며, 나를 통해 또 다른 새로운 사역자가 세워지도록 해야 한다는 것을 의미한다. 성서는 한 영혼의 가치에 대해 온 천하에 견준다(마 16:26, 막 8:36, 눅 9:25). 예수님께서도 이를 위해 이 땅에 오신 것이다. 새로운 리더를 세우는 일은 이러한 시선과 마음에서 시작해야 한다. 그 한 영혼은 전혀 복음을 접하지 못한 사람일지도 모른다. 그러나 그 한 영혼이 복음을 듣고 하나님의 백성이 되며, 또한 하나님의 사역자가 되는 것이다. 그러므로 리더를 세우는 자든지 리더로 세워질 자든지 공통적인 최고의 관심은 '한 영혼'에서 시작해야 하는 것이다. 그런 의미에서 사역자는 또한 한 영혼의 가치를 아는 선교사인 것이다. 그 한 영혼의 가치를 알아야 그를 위해 겸손할 수 있고, 그를 위해 섬길 수 있으며, 또한 그를 위해 기도할 수 있고, 그를 위해 필요를 채워줄 수 있으며, 그를 위해 함께할 수 있고, 그를 위해 기꺼이 후원할 수 있는 것이다.

본 과의 배울말씀에는 잃어버린 것들, 즉 잃은 양, 잃은 드라크마, 그리고 잃은 아들을 찾는 이야기가 등장한다. 어떤 사람은 양이 백 마리가 있었고, 어떤 여자는 열 드라크마가 있었고, 어떤 사람은 두 아들이 있었다. 그런데 처음 있었던 것에서 하나를 잃어버린 것이다. 물론 잃어버린 '하나'라는 가치만으로 찾아야 하는 이유가 충분하지만, 한 가지 더 생각해 볼 수 있는 것은 처음 있었던 것이 온전한 상태였는데, 하나를 잃어버려 그 온전한 상태를 상실했다면, 처음의 그 온전함을 되찾기 위해서라도 하나를 찾아야만 하는 이유가 될 수 있다. 그러므로 사역자는 하나님의 한 영혼에 대한 가치와 사랑을 알고, 구체적인 사역의 모습 속에서 그것을 나타낼 수 있어야 한다.

평신도제자훈련교재
관심갖기   생명의 다리

아래 이야기를 읽고 질문에 따라 각자의 생각을 나누어 봅시다.

서울 여의도와 마포를 연결하는 마포대교가 바뀌었다. 최근 5년간 한강 다리 투신 시도 875건 가운데 가장 많은 85건이 발생한 이곳을 서울시와 삼성생명이 협약을 맺어 '생명의 다리'로 새 단장을 했다. 다리에 들어서면 양방향 2.8㎞ 난간을 죽 따라가며 깔끔한 서체의 글귀들이 눈에 띈다. 초입에는 '밥은 먹었어?', '요즘 바빠?', '별일 없지?', '바깥바람 쐬니까 좋지?', '다음에 또 바람 쐬러 와.' 등의 문구가 배치됐다. 극단적인 선택을 고민하는 상황에 내몰린 이들에게 지극히 일상적인 인사를 걸어줌으로써 그들이 잊힌 존재가 아님을 알리기 위한 것이다. '목욕 한 번 가서 몸 좀 푹 담가 봐', '슬프거나 우울한 일이 있다면 집에 가서 청양고추 한 입 먹어 보세요. 아픔은 더 큰 아픔으로 잊는 법이니까요', '가슴이 먹먹할 때 어때요? 노래 한번 불러 보는 거' 등 건강한 삶의 본능을 되살리는 방법에 대한 조언도 있다. 밤에는 보행자들이 2~3걸음을 옮길 때마다 감지기가 작동해 LED 조명이 켜지게 설계됐다. 다리 중간에는 '비밀, 있어요?', '혼자서 꾹꾹 담아온 얘기 시원하게 한 번 해봐.'란 글귀와 함께 '생명의 전화' 4대가 설치돼 있다. 한 남자가 실의에 빠진 친구의 볼을 꼬집으며 위로하는 황동상 '한번만 더'엔 '여보게 친구, 한번만 더 생각해 보게나.'라는 좀 더 직접적인 메시지가 새겨져 있다. 총 20여개의 일화로 구성된 문구들은 한국자살예방시민연대와 한국자살예방협회, 한국생명의전화 같은 시민단체와 심리학자, 광고전문가들이 머리를 맞대 고안했다. 투신 기도자들을 자극할 노골적인 경구는 배제하고 양방향 소통에 주안점을 뒀다. 투신방지벽 같은 살풍경한 수단 대신 삶의 가치를 자연스럽게 깨달을 수 있도록 배려했다고 한다. 새로 단장한 마포대교가 산업화와 도시화에 찌든 시민들의 삶을 어루만지는 명소가 되기를 기대한다. 서울시에 따르면 소통의 여러 방법들을 구현함으로써 시민들의 힐링 장소로 기획된 다리는 세계에서 유례가 없다. 자살 명소(?)로 악명 높은 미국 샌프란시스코 금문교도 여러 방지책을 검토했으나 환경, 안전, 미관 문제 등에 부닥쳐 '생명의 전화' 가설 외에 특별한 조치를 취하지 못했다. 벌써 미국 방송이나 프랑스 TV, 네덜란드 언론 등이 마포대교를 취재해 갔다고 한다. 일반 시민들도 가족끼리 손을 잡고 마포대교를 걸으며 삶의 의미를 되새겨보고 어려움에 처한 이웃을 돌아볼 수 있으면 좋을 것이다.

〈2012. 9. 27. 국민일보 사설에서〉

우리 주변에 삶의 무게에 힘겨워 하는 이웃에게 전할 수 있는 말이 있다면 어떤 말인가요? 혹시 여러분 중에 진심으로 위로와 격려가 되었던 말을 들은 적이 있다면, 어떤 말이었는지 서로 나누어 봅시다.

각자의 이야기를 들어 본다.
이 이야기에서 중요한 관점은 한 생명의 가치는 정말 고귀하다는 것이다. 출애굽기 20장 13절의 "살인하지 말라."는 계명은 나를 포함한 명령이다. 그러므로 자신의 생명을 버리는 일은 하나님의 계명과 한 생명을 귀히 여기심으로 이 땅에 오신 예수 그리스도의 사랑을 저버리는 행위인 것이다. 나의 모습이 어떤 모습이라 할지라도 예수님은 나의 모든 것을 사랑하신다는 것을 알아야 한다.

배울말씀인 누가복음 15장 1-32절을 읽고 물음에 답해 봅시다.

1. 바리새인과 서기관들이 수군거립니다. 그들은 무엇에 대해, 그리고 무엇 때문에 수군거리고 있는지 1-2절을 읽고 찾아 써봅시다.

바리새인과 서기관들	무엇에 대해?	무엇 때문에?
수군거림		

바리새인들과 서기관들은 모든 세리와 죄인들이 예수께 나아오고 예수님이 그들을 영접하고 음식을 같이 먹는 것에 대해 수군거린다. 왜냐하면 당시에는 세리와 죄인들은 환대받을 수 있는 사람들이 아니었기 때문이다. 그러나 예수님께는 세리도 죄인도 모두가 새로운 삶을 살기를 바란다. 왜냐하면 그 한 영혼을 위해서 예수님께서 이 땅에 오셨고 그들을 대신해 죽으셨기 때문이다.

2. 3-10절까지는 잃어버린 '하나'를 향한 간절함이 비유로 표현되고 있습니다. 잘 읽어보고 잃어버린 것이 무엇인지, 잃어버린 것을 찾기 위해 어떤 행동을 하는지, 잃어버린 것을 찾았을 때 어떻게 기뻐하는지, 그리고 각각의 일에 대해 어떻게 평가하는지를 알아봅시다.

잃은 것	찾기 위한 행동	찾은 후의 기쁨의 표현	평가
양	찾아내기까지 찾아다님	(어깨에 메고 벗과 이웃을 모음. 함께 즐김)	죄인 한 사람의 회개는 회개할 것 없는 의인 아 흔 아홉보다 더 기쁘다
(드라크마)	찾아내기까지 부지런히 찾음	벗과 이웃을 모음. 함께 즐김	(죄인 한 사람의 회개 는 기쁨이 됨)

3. 11-32절의 내용은 잃었다고 생각했던 아들을 다시 찾게 되는 비유를 담고 있
   습니다. 이 본문을 잘 읽고 아래 질문에 대답해 봅시다.

   1) 아버지를 떠나 먼 나라에 사는 둘째 아들의 삶의 모습이 어떠했는지 찾아 이
      야기해 봅시다. (13-17절)

   허랑방탕하여 그 재산을 낭비하였고 그 날에 흉년이 들 때 궁핍하게 되었다.

   2) 둘째 아들이 먼 나라에서 깨닫게 된 것은 무엇일까요? (18-21절)

   자신이 하늘과 아버지께 죄를 지었음을 알게 되었고 더 이상 아버지의 아들로서 자
   격이 없다고 여겼다.

   3) 잃었다고 생각했던 아버지는 다시 돌아온 둘째 아들을 어떻게 맞이했나요?
      (22-23절)

   그를 보고 측은히 여겨 달려가 목을 안고 입을 맞추고 종들에게 일러 제일 좋은 옷을
   입히고 손에 가락지를 끼우고 발에 신을 신기라 명하며 살진 송아지를 끌어다가 잡

으며 먹고 즐기며 즐거워하였다.

4) 아버지와 늘 함께 있었던 '맏아들'은 앞선 비유들에 의하면 어떤 의미일까요? (24-32절)

본 비유는 인간의 죄와 용서, 혹은 아우에 대한 형의 인색함에 대해 다루고 있다기보다는 앞선 비유와 같이 한 영혼이 주님께 있어 얼마나 귀한 존재인가를 생각하게 하는 데 그 초점을 맞추고 있다. 그러므로 이 본문에서의 '맏아들'은 앞에서 다루었던 잃어버린 한 마리 양, 한 드라크마와 같이 항상 주인과 함께 있었던, 회개할 것 없는 '아흔 아홉 마리의 양'이나 '잃어버리지 않은 아홉 드라크마'를 의미한다. 이들이 회개할 것이 없음보다 회개함으로 다시 돌아온 한 영혼이 주님께는 더 귀한 것이다.

평신도 제자 훈련 교재
관점바꾸기　　　　　돈으로 따질 수 없는 생명!

아래의 기사를 읽고 질문에 답해봅시다.

> 17세 중국 청소년이 아이패드를 사고 싶다는 이유로 신장을 판 사실이 들어나 중국사회가 충격에 빠졌다. 중국 서부망(西部網) 3일 보도에 따르면 중국 안후이(安徽)성에 사는 올해 17세의 정 모군은 인터넷에서 장기 매매 중개업자와 접촉, 지난 4월28일 이 중개업자와 함께 후난(湖南)성 춘저우(春州)의 한 병원으로 가서 오른쪽 신장 적출 수술을 받았다.
> 올해 고등학교 1학년생인 정군은 이 같은 수술을 받은 이유에 대해 "아이패드(iPad2)를 사고 싶었지만 돈이 없었다. 그러다가 인터넷에서 신장을 팔면 2만 위안(약 332만 원)을 받을 수 있다는 신장매매 중개인의 글을 보게 됐다."라고 말했다.
> 그는 부모의 눈을 속이고 자칭 신장매매 중개인이라는 사람 3명과 접촉했으며 마침내 이들의 손에 이끌려 한 병원에서 검사를 받은 뒤 수술대 위에

올랐다. 그는 수술 후 3일 뒤에 퇴원했으며 중개인들은 그에게 2만 2,000 위안을 쥐어주고 떠났다. 그는 이 돈으로 노트북과 애플 휴대전화를 샀고, 어느 날부터 비싼 전자기기를 들고 다니는 것을 이상하게 여긴 부모가 추궁하자 이 같은 사실을 털어놨다.

이런 소식이 전해지자 중국 사회에서는 아이패드 등을 사기 위해 신장을 떼어내 판다는 게 제정신이냐는 질타와 함께 중국 청소년들의 가치관이 이렇게까지 망가졌느냐는 탄식이 쏟아지고 있다. 이어 해외 유명 사치품 선호 풍조가 청소년들 사이에서 급속히 퍼져나가면서 이런 충격적인 사건까지 빚어졌다는 지적도 나왔다.　　　　　　　　　　　　〈2011. 6. 3 국민일보〉

1. 위 내용을 읽고 각자의 생각을 이야기해 봅시다.

각자의 생각을 들어 본다.

위의 내용에서 자신의 장기를 팔아 문명의 이기를 누리고자 한 정 모군은 자신의 값어치를 알지 못했다. 우리는 하나님으로부터 생명을 부여받았다. 그리스도인은 이 땅에 살면서 그 생명에 감사하며 하나님께 영광 돌리는 삶을 살아야 한다. 우리 주변에는 장기매매를 통해 물질적 유익을 추구하는 사람들이 있는 반면, 자신의 장기를 타인에게 기증함으로 생명을 살리고자 하는 헌신적인 사람들도 있다.

2. 주어진 성경구절을 잘 읽어보고 질문에 답해 봅시다.

욥 12:7-10	이제 모든 짐승에게 물어 보라 그것들이 네게 가르치리라 공중의 새에게 물어 보라 그것들이 또한 네게 말하리라 땅에게 말하라 네게 가르치리라 바다의 고기도 네게 설명하리라 이것들 중에 어느 것이 여호와의 손이 이를 행하신 줄을 알지 못하랴 모든 생물의 생명과 모든 사람의 육신의 목숨이 다 그의 손에 있느니라

1) 위 구절에서 모든 생물의 생명이 누구에게 있는지 찾아봅시다.

하나님.
모든 생명은 하나님께 속해있다. 그러므로 생명은 존귀한 것이다. 그 값은 이루 말할 수 없으며 세상의 그 어떤 것과도 바꿀 수 없는 가치다.

시 49:8	그들의 생명을 속량하는 값이 너무 엄청나서 영원히 마련하지 못할 것임이니라
마 16:26	사람이 만일 온 천하를 얻고도 제 목숨을 잃으면 무엇이 유익하리요 사람이 무엇을 주고 제 목숨과 바꾸겠느냐

2) 위 구절에서 사람의 목숨이 무엇에 비교되고 있는지 답해 봅시다.

온 천하.
주님께서는 실제로 한 생명의 값을 이 세상 그 무엇과도 바꿀 수 없다고 말씀하셨다. 그리스도인의 값은 온 천하보다도 더 값진 것이다. 그러기에 그 생명을 구하기 위해 예수님께서 이 땅에 오셔서 구속제물이 되셨던 것이다.

3. 한 생명의 가치는 하나님께 속해 있으며, 그러므로 온 천하보다 귀하다는 것을 알 수 있습니다. 이제부터 만나게 되는 모든 사람에 대해 어떠한 마음과 태도로 대할 것인지를 생각해 보고 함께 이야기해 봅시다.

각자의 생각을 들어 본다.
오늘 공부를 통해 이전과 이후의 태도가 어떻게 달라졌는지 언어, 몸짓, 그리고 마음가짐으로 나누어 이야기해 볼 수 있도록 한다. 훈련의 과정에 있는 사역자의 가장 기본적인 자세는 바로 한 영혼을 향한 가치를 깨닫고, 그 영혼에 대해 구령의 열정을 갖는 것이다.

우리가 생활하면서 일상적으로 만나는 사람들이 있습니다. 예를 들면 가족, 시장이나 마트에서 만나는 단골집 주인, 직장동료, 이웃, 교인들 등이 그들입니다. 여러분이 그동안 그들을 만날 때마다 일상적으로 '시작했던 말'이 있습니다. 곰곰이 생각해보고 써봅시다. 그리고 앞으로 만나게 되면 어떤 축복의 말을 하고 싶은지 써봅시다. 그리고 그 말을 용기 있게 전할 수 있게 해달라고 기도합시다.

	그동안 일상적으로 시작했던 말	달라진 축복의 말
가족	① 배우자: ② 자녀: ③ 부모:	① 배우자: ② 자녀: ③ 부모:
자주 가는 단골집 주인		
직장동료	예) "좋은 아침입니다."	"좋은 아침입니다. 오늘도 ○○씨와 함께 일하게 되어 참 행복합니다. 당신은 참 소중한 사람입니다."
이웃		
교인		

말에는 보이지 않는 힘이 있다. 곰곰이 생각해보고 내가 만나는 사람이 소중하고, 그를 위해 이 땅에 예수님께서 오셨으며, 하나님께서 그 한 생명이 돌아오기를 기다리고 있음을 알아야 한다. 또한 내가 도구가 되어 그 사명을 감당할 수 있어야 한다. 매일 이것을 위해 기도해야 한다. 기억나기를 위해! 용기 있게 축복할 수 있기를 위해! 성령님께서 역사하시기를 위해!

새길말씀 외우기

내가 너희에게 이르노니 이와 같이 죄인 한 사람이 회개하면 하늘에서는 회
개할 것 없는 의인 아흔아홉으로 말미암아 기뻐하는 것보다 더하리라
(눅 15:7)

다함께 드리는 기도

1. 오늘 배운 말씀과 내용을 생각하며 다함께 기도하는 시간을 갖도록 합
   시다.
2. 오늘 참석한 구성원들을 위해서 이름을 불러 가며 중보의 기도를 합시다.
3. 오늘 참석하지 못한 구성원이 있으면 그 사람을 위해 더욱 뜨거운 마음
   으로 기도합시다.
4. 한 주간의 삶을 통해서 오늘 배우고 익힌 내용들을 삶으로 살아갈 수 있
   도록 기도합시다.
5. 하나님의 은혜 가운데서 한 주를 살고, 다음 모임 시간에 모두가 모일 수
   있도록 기도합시다.

＊사역자로서 이 과를 마치고 난 느낌이나 소감, 다짐 등을 간단하게
   말해 봅시다.

다음 모임을 위하여

1. 다음 주에 읽어야 할 성경말씀을 읽고 확인합시다.
2. 46과의 배울말씀인 사도행전 20장 13-35절을 읽고 묵상합시다.

평가항목	세부사항	그렇다	그저 그렇다	아니다
인도자의 준비도	인도자는 본 과의 교육목적을 이룰 수 있도록 충분하게 준비했습니까?			
교육목표의 성취도	1. 학습자들은 자신의 잘못된 선입견과 고정관념을 버리고 순수한 마음으로 주님을 만날 준비가 되었습니까? 2. 학습자들이 예수에 대하여 지식적으로 아는 (know) 단계에서 체험적으로 아는(see) 단계로 발전하고자 결단하게 되었습니까?			
학습자의 참여도	학습자들이 진지하고 적극적인 태도로 성경공부에 임했습니까?			
성경공부의 분위기	성경공부를 하는 동안 학습자들이 편안한 분위기를 느낄 수 있었습니까?			
기타 보완할 점	기타 보완할 점이나 건의사항이 있습니까?			

성경 읽기표

읽을 범위		월 일 주일	월 일 월요일	월 일 화요일	월 일 수요일	월 일 목요일	월 일 금요일	월 일 토요일
	구약	주일은 설교말씀 묵상	학 1~2장	습 1~3장	습 4~6장	습 7~9장	습 10~12장	습 13~14장
	신약		행 10~12장	행 13~15장	행 16~18장	행 19~21장	행 22~24장	행 25~28장
확인								

46 후원자의 마음

평신도 제자훈련교재

배울말씀 사도행전 20장 13-35절

도울말씀 욥 9:4; 10:13, 잠 25:3; 25:13, 렘 3:15, 겔 28:6, 욜 2:14, 말 4:6, 마 11:29,
눅 1:17, 행 13:22, 롬 11:34, 고전 2:16, 빌 2:5, 15 요 8:12

새길말씀 범사에 여러분에게 모본을 보여준 바와 같이 수고하여 약한 사람들을 돕고 또 주 예수께서
친히 말씀하신 바 주는 것이 받는 것보다 복이 있다 하심을 기억하여야 할지니라 (행 20:35)

이룰 목표

① 사역자는 새롭게 세워질 예비 사역자를 위한 마음이 어떠해야 하는지를 안다.

② 사역자는 자신의 생명보다 더 가치가 있는 일이 있음을 깨닫는다.

③ 사역자는 후원자로서의 마음을 맡겨진 사명 속에 구체적으로 나타낸다.

교육흐름표

15 min	10 min	15 min	15 min	10 min
O.T.	관심	탐구	관점	실천

교육진행표

구분	오리엔테이션	관심갖기	탐구하기	관점바꾸기	실천하기
제목		이런 마음이어야 합니다!	후원자의 모범, 바울	영광의 관을 얻으리라!	이렇게 후원합시다
내용	환영 및 개요 설명	후원자의 마음	후원의 내용	지도자의 본	후원의 내용과 방법
방법	강의	생각 나누기	성경 찾아 답하기	성경 찾아 답하기	후원카드 작성하기
준비물	출석부		성경책	성경책	
시간(65분)	15분	10분	15분	15분	10분

현재 사역자로 서 있는 이들이 담임목회자의 비전과 지도에 따라 새로운 리더, 즉 새로운 지도자를 세우도록 후원하는 일은 섬기고 있는 교회의 성장과 하나님 나라 확장을 위해 반드시 수반되어야 할 사명이다. 뿐만 아니라 이는 기존 사역자의 역할과 지위, 그리고 직책에 있어서 새로운 사역자의 충원이 원활하지 않음으로 인한 피로도 증가에 따른 보람과 만족도의 감소, 경직된 사역으로 인한 효율성 저하와 같은 역기능적인 현상을 감소시킬 수 있는 대안이기도 하다. 그런 의미에서 새로운 지도자를 위한 양육과 그들을 세우고 후원하는 일은 교회가 사활을 걸어야 할 일임에 틀림없다.

성경은 지도자의 개념을 '머리'(head)로 표현한다. 구약에서 머리는 '로쉬'라는 히브리어를 쓰고 있는데, 이는 '집의 어른'(출 6:14), '무리 중에서 뛰어난 자'(느 7:2), '지파의 수령'(신 1:15) 등을 의미한다. 구약의 머리, 즉 리더는 실제로 물리적인 힘과 외형적인 권력을 소유한 자다. 이러한 구약적인 리더십 개념은 오늘 우리 교회에서도 얼마든지 볼 수 있는 계급제도(hier-archies)로 발전했다. 구약의 리더십은 하나님의 종이면서도 현실적인 백성의 지도자였던 것이다. 이처럼 구약에서는 특별한 한 사람에 의해 주도되는 리더십이 특징이었던 반면, 신약에서는 자신을 포기함으로 얻는 리더십의 권위와 힘이 강조되고 있다. 신약에서 지도자를 가리키는 '머리'라는 단어는 75회 이상 사용되는데, 이것은 지배와 복종의 관계보다 주님의 능력이 교회의 필요를 충족시키는 관계로 사용된다. 즉 리더십은 지배와 다스림이 아니라 섬김과 봉사를 의미하는 것이다. 또 신약에 나오는 '지도자'의 개념은 여섯 군데에서 나타나는데, 그 의미와 가치가 조금씩 다르게 표현되고 있다.

첫째, 로마서 16장 2절에 나오는 '보호자'(프로스타티스)로 보호자란 '앞에 서서 인도하는 자'라는 뜻이 강하다. 둘째, 에베소서 4장 12절에 나오는 '성도를 온전케 하는 자'(카탈티조)인데 이는 '수선하고 고치고 구비시키는 것'을 의미한다. 셋째, 고린도전서 12장 28절에 나오는 '다스리는 자'(퀴벨네시스)로 이는 '배의 키를 잡는 선장'을 의미한다. 넷째, 로마서 14장 9절에 나오는 '산 자의 주'(퀴리우쎄)인데 이는 '주인이 되어 다스리는 것'을 의미하며 예수 그리스도를 지칭한다. 즉 지도자란 예수님처럼 살아야 한다는 것을 암시한다. 다섯째, 마태복음 23장 8절과 10절에 나오는 '선생' 혹은 '지도자'(카데게테스)로 이는 말 그대로 가르치고 인도하는 자를 의미한다. 마지막 여섯째, 에베소서와 골로새서에 많이 나오는 '머리'(케팔레)로, 이는 구약의 '로쉬'와 같은 역할로 쓰인 것으로 '관계적인 머리 직분'을 강조한다. 즉 교회의 머리로서 예수님의 역할이 바로 지도자의 본질이라는 것이다. 그러므로 지도자는 책임의식, 섬김과 봉사의 마음가짐, 주님께서 내게 맡겨 주신 양을 잘 관리하고 돌볼 수 있는 청지기적 목자의 심정, 스스로 본이 되려는 자세 등을 갖춰야 한다.

특히 사역자로서의 지도자는 '본보기'가 될 수 있어야 한다. 이것을 리더십 분야에서는 삶을 통해 다른 사람을 지속적으로 키우는 '멘토 리더십'(mentor leadership)이라 한다. 최근 본보기로서의 리더십을 말하는 멘토링(mentoring)이라는 말이 회자되고 있는데, 멘토링이란 '한 사람이 다른 사람에게 일정한 관계를 맺으면서 장기적이든 단기적이든 또는 정규적이든 비정규적이든 간에 개인적으로 영향을 미치면서 도움을 주는 모든 과정'이라고 정의할 수 있다. 멘토링은 단지 스승을 본받는 것 이상이다. 교회에서 사용되는 멘토링의 의미는 멘토의 역할에 따라서 여러 가지로 나타날 수 있는데, 예를 들어 제자훈련으로서의 멘토링, 영적 지도자로서의 멘토링, 코치로서의 멘토링 등이 그것이다. 원래 '멘토'라는 단어는 그리스 신화에 나오는 사람 이름이다. 그는 오디세이 왕의 친구로서 오디세이의 아들을 왕자로서 부족함이 없도록 키워준 사람이다. 그때부터 전인적인 교육을 도맡아 자신만큼 키우는 지도자를 '멘토'(Mentor)라고 부르게 되었다. 역사적인 예로는 플라톤을 키운 소크라테스, 알렉산더 대왕을 키운 아리스토텔레스가 멘토에 해당된다. 중세에 도제(제자)를 키운 명인(master)들이 멘토의 역할을 했다면, 현대에 와서는 칼 융을 위대한 심리학자로 키운 프로이트와 헬렌

켈러를 불굴의 의지를 가진 자로 키운 설리반 선생 등이 그 예라 할 수 있다.

　세상에서의 멘토링이 어떤 한 사람에게 영향을 주어 사람다운 사람, 사회에 유익을 주는 훌륭한 인물로 키우는 것이라면 성서에서의 멘토링은 하나님의 사람이 되게 하는 것이다. 멘토링에 대한 성서적인 개념은 '본받는다'는 것이다. 예수님께서는 요한복음 13장 15절에 "내가 너희에게 행한 것같이 너희도 행하게 하려 하여 본을 보였노라"고 하시면서 그의 제자들을 멘토링 하셨다. 성서에 '본받게 한다', '온전케 한다'는 구절이 있는 부분은 거의 다 멘토링에 관련된 것이라고 볼 수 있다. 예를 들어 베드로전서 5장 3절에서 "맡은 자들에게 주장하는 자세를 하지 말고 양 무리의 본이 되라."라고 했고, 디모데전서 4장 12절에서는 "누구든지 네 연소함을 업신여기지 못하게 하고 오직 말과 행실과 사랑과 믿음과 정절에 있어서 믿는 자에게 본이 되어"라고 했다. 구약에서의 모세와 여호수아, 엘리야와 엘리사, 신약에서의 바나바와 바울, 그리고 바울과 디모데 등이 그 대표적인 관계이다. 이 가운데 예수 그리스도의 멘토링과 바울의 멘토링이 가장 강력한 이유는 예수님과 바울은 당당하게 자신을 본받으라고 명령한 멘토였기 때문이다(요 13:15, 고전 11:1). 그러나 우리가 간과하지 말아야 하는 멘토링은 마치 판에 찍은 대로 복사하는 것이 아니라는 것이다. 원래 '본보기'라는 헬라어 '튀포스'와 '휘포투포시스'는 화가들이 스케치할 때 윤곽을 그리는 것과 관계가 있다. 즉 초벌 그림의 스케치에 서로 다른 색깔과 세부 사항을 채워 넣을 여지가 있는 것이다. 모든 사람에게 고정된 모본, 획일적이고 기계적인 모본을 주장한다면 하나님의 창조적인 사랑과 다양한 은사를 무시하는 꼴이 되고 말 것이다. 그러므로 새로운 창조로서의 본보기가 바로 성서적인 멘토링의 모습이다.

　배울말씀에서 바울은 오늘을 살아가는 사역자들과 예비 사역자들을 향해 후원자의 마음이 어떤 것인지를 가르쳐준다. 아무리 고단하고 힘든 여정이어도 영혼구원에 대한 열정으로 한 사람이라도 더 만나려는 선교적 근성, 자신의 생명보다 복음을 증언하는 일을 더 중요하게 여기는 책임의식, 후원자로서 열심을 다해 가르치는 사명감, 그리고 이 세상의 가치와 논리를 뛰어넘

어 하나님 나라의 가치를 소유한 마음. 이것이야말로 진정한 후원자의 마음
이다.

평신도 제자 훈련 교재
관심갖기

이런 마음이어야 합니다!

아래 글은 한 기독교 신문에 실렸던 기사로 '자녀를 위한 어머니의 기도'에 관한
내용을 담고 있습니다. 잘 읽고 질문에 대답해 봅시다.

> '요게벳·한나·유니게' 그들 정성처럼… 기도하는 신앙의 어머니 고난 극복
> 할 용기 준다
>
> 문화계에 '엄마 신드롬'이 강하게 불고 있다. '엄마를 부탁해', '잘자요, 엄
> 마', '엄마가 뿔났다' 등 엄마가 소설, 드라마, 연극, 영화 전반에 키워드로
> 자리 잡고 있다. 이런 현상에 대해 전문가들은 "1997년 외환위기 당시 우리
> 사회를 뭉클하게 한 아버지 신드롬처럼 어머니를 통해 어려움을 벗어나려는
> 심리가 들어 있다."라고 분석한다. 지금처럼 경기 불황에 따른 불안과 두려
> 움이 극심한 시대에는 기도로 무장한 신앙의 어머니가 더욱 빛을 발하게 되
> 어 있다. 신앙의 어머니는 자녀들이 고난을 이겨낼 수 있도록 돕는 최고의
> 조력자이기 때문이다.
>
> ◇신앙의 버팀목, 어머니=성경에서 고난을 이겨낸 위대한 인물 뒤에는
> 반드시 신앙의 어머니들이 있었다. 성경 속 어머니들은 자녀들이 위기 상황
> 에서 믿음으로 난관을 극복할 수 있도록 아낌없이 기도로 후원했다. 모세의
> 어머니 요게벳은 남자 아이를 낳으면 모두 죽이라는 애굽왕의 명령(출
> 1:16)을 어기고 믿음으로 모세를 갈대 상자에 넣어 강에 떠내려 보냈다(출
> 2:3). 그녀는 절망 가운데서도 하나님께서 자기 아들을 구원해주실 것이라
> 는 믿음을 끝까지 고수했다(히 11:23). 사무엘의 어머니 한나는 대표적인

기도의 어머니였다(삼상 1:10-13). 한나는 성소에서 봉사하는 아들을 만나러 갈 때마다 작은 겉옷(삼상 2:19)을 직접 지어다주며 아들에 대한 사랑을 보여줬다. 예수님의 어머니 마리아는 예수님을 하나님의 아들로 여기고 양육했으며, 하나님의 뜻에 절대적으로 순종하는 인내와 사랑, 믿음을 보여줬다. 디모데의 어머니 유니게도 아들에게 어릴 적부터 경건한 신앙의 유산을 전수했다. 그녀는 삶의 주인은 하나님이시라는 믿음을 어린 디모데에게 몸소 가르쳐주었다(딤후 1:5).

◇'어머니 힘듭니다. 도와주세요'=신앙의 어머니는 자녀들을 사랑으로 안아주고 기도하며 기다린다. 그리고 희망을 갖게 한다. 이사야 선지자는 이런 어머니의 한없는 사랑에 하나님의 위로를 비유했다(사 66:13). 이만신(81) 중앙성결교회 원로목사는 "주변의 핍박이 컸지만 어머니는 새벽 기도와 철야 예배를 하루도 빠뜨리지 않으시며 5남매를 신앙으로 키우셨다."면서 "내가 35세 되던 해 서울 삼각산에서 40일간 금식기도를 했는데 옆에 있던 오두막집에서 친히 수발을 들어주시며 신앙의 모범을 보이셨던 어머니를 생각하면 지금도 눈물이 난다."라고 말했다.

이영훈 여의도순복음교회 목사는 "어머니는 새벽 기도 제단을 하루도 빠짐없이 쌓으시고 온 가족을 위해 늘 기도하셨다."면서 "지금까지의 삶을 뒤돌아보니 어렵고 힘들 때마다 어머니의 기도가 든든한 버팀목이 되어 왔다."라고 회고했다. 이 목사는 "'주의 종은 늘 엎드려 기도하고 겸손해야 한다.'는 어머니의 가르침을 명심하고 있다."라고 말했다.

주선애 장신대(기독교교육학) 명예교수는 "경제적 유산과 달리 허리띠를 졸라매며 금식하던 신앙의 유산은 자녀들이 어려움에 부닥쳤을 때 극복할 수 있는 저력을 갖게 한다."면서 "이 땅의 어머니들은 정신적인 유산, 신앙의 유산이 자녀들을 연단시킬 뿐만 아니라 훗날 교회와 사회 발전에도 이바지한다는 사실을 명심해야 할 것이다"라고 조언했다. 〈2009. 1. 28. 국민일보〉

1. 여러분을 위해 기도해 주시는 분이 계십니까? 혹은 여러분이 기도하고 있는 분이 계십니까? 그 대상이 누구이고, 그 기도의 내용은 무엇인지, 어떤 마음으로 기도하고 있는지 서로 나누어 봅시다.

   자유롭게 이야기를 나누어 본다.
   현재 사역자로 훈련받고 있는 분들이라면 지금까지 자신을 위해 기도해 주신 분들이 있을 것이다. 그분이 누구신지, 그에 대한 생각, 즉 감사한 마음, 왠지 든든한 기분, 어떤 일이든 잘될 것 같은 기분, 힘들어도 위로가 되는 느낌 등을 들어본다. 누군가를 신앙적으로 후원하는 일에 있어서 기도만큼 위대한 사역은 없다. 26과에서 배웠던 것처럼 우리는 기도의 능력을 확신한다. 그렇다면 나 역시 새롭게 세워지기를 위해 준비하고 있는 예비 사역자들을 위해 기도해야 하는 일은 당연하다. 누군가를 위해 기도하는 마음은 그를 통해 하나님의 일들이 건강하게 이루어지기 위해 잘 훈련받을 수 있도록, 그리고 맡은 사명을 잘 감당할 수 있는 성숙한 지도자로 세워질 수 있기를 바라는 것이다.

2. 새로운 리더가 세워진다고 할 때, 여러분은 그들을 위해 어떻게 후원할 수 있을까요? 내가 할 수 있는 후원의 방법을 서로 이야기해 봅시다.

   신앙의 후원자는 무엇보다 예비 사역자들을 위해 기도하는 일이 우선되어야 한다. 예를 들면, 훈련의 과정을 잘 감당할 수 있도록, 말씀과 기도와 성령충만함으로 무장될 수 있도록, 한 영혼이라도 더 구원하고자 하는 열정이 넘치도록, 지도자로서의 인격과 품위를 갖출 수 있도록, 담임목회자를 중심으로 섬김과 순종으로 리더십을 발휘할 수 있도록, 교회에 유익한 지도자가 될 수 있도록 중보해야 한다. 또한 훈련의 과정 속에 있는 예비 사역자들이 어려움을 겪거나, 대화가 필요할 경우 적절한 상담을 해 줌으로써 신앙적인 권면과 교훈을 해 줄 수 있다. 선배 사역자들은 이미 사역의 현장 속에서 겪었던 시행착오나 예기치 못한 상황들을 경험해 보았을 뿐만 아니라, 현재 훈련과정 속에 있는 예비 사역자들이 궁금해 하거나 어렵고 힘든 심적인 부담 등과 같은 문제에 있어서 구체적인 조언을 해줄 수 있다. 그리고 무엇보다 좋은 본보기만큼 모범적인 후원은 없을 것이다. 사람을 만나서 관계하는 모습 속에서, 섬기는 모습 속에서, 예배하는 모습 속에서, 생활하는 모습 속에서 보고 닮고 싶은 삶으로 후원하는 것이 가장 효과적인 후원방법이다.

후원자의 모범, 바울

배울말씀인 사도행전 20장 13-35절을 읽고 물음에 답해 봅시다.

1. 바울의 세 번째 선교여행에서 바울을 제외한 나머지 일행은 드로아에서 앗소로 이동할 때, 바울과 헤어져 바울보다 앞서 배를 타고 이동합니다. 이때 바울은 왜 일행과 함께 배로 이동하지 않고 걸어서 이동했을까요? 그 이유에 대해 생각해 봅시다.

드로아에서 앗소까지의 거리는 족히 30km가 넘는 거리다. 전날까지 드로아에서 밤을 새워가며 강론한 바울은 몹시 피곤했을 것이다. 그럼에도 그는 일행에서 이탈하여 도보로 이동하고자 했다. 왜 그랬을까? 그것은 아마도 배로 이동하게 될 경우, 도보를 통해 이동하면서 전도대상자를 만날 수 있는 기회를 놓칠 수 있다고 여겼기 때문일 것이다. 이는 영혼구원에 대한 열심이 그런 결정을 하게 한 것이다. 바울에게는 어떻게 해서든 한 사람이라도 더 만나고, 회개시키고, 예수님의 사람으로 변화시키는 일이 가장 우선이었기 때문일 것이다. 그리고 바울이 일행들과 동행하는 것을 좋아했음에도 불구하고 대열에서 이탈한 또 다른 이유는 바쁜 선교 활동 속에서도 하나님과 깊은 교제를 하기 위해서였다고 볼 수 있다. 영적으로 무장되어 있지 않고는 열방을 향한 열심과 한 영혼을 위한 근성을 유지하는 것이 쉬운 일이 아니기 때문이다. 사역자들에게 있어서도 맡겨진 사명에 대한 책임감도 중요하지만 무엇보다 자신의 영적 성장을 위해 점검과 훈련을 게을리 하지 않을 때, 지치지 않고 사람을 세우는 지도자가 될 수 있다.

2. 바울이 예루살렘으로 돌아가는 여정에서 에베소를 거치지 않고 급히 가고자 한 이유는 무엇이었는지 16절을 잘 읽고 말해 봅시다.

사실 바울은 고린도전서 16장 8절에 의하면 오순절까지 에베소에 머물려고 했다. 그러나 선교여행을 하면서 계획이 변경되었고, 바울은 오순절이 이르기 전에 예루살렘에 도착하고자 했다. 그것은 유대인의 큰 명절 중 하나인 오순절이 되면 예루살렘에 많은 사람들이 모이므로 이에 대한 선교적인 전략이 이유가 되었을 것이다. 또한 사도행전 11장 28절에 나오듯 로마의 황제 글라우디오(A.D.41-54) 시대에 팔레스틴 지역에 약 4년간 흉년이 거듭되었는데, 이로 인해 유대 지방이 궁핍에 빠지게 된다. 처음엔 안디옥 교회에서 조금씩 헌금을 거두어 예루살렘 교회에 부조(扶助)를 했는데(행 11:29-30), 이후 바울은 선교여행 중 갈라디아뿐만 아니라 아가야 지역에서도 유대지역의 큰 흉년으로 인한 물질적인 후원금을 모금하여 예루살렘 교회에 전달하고자 하였는데, 특히 예루살렘에 사람들이 많이 모이는 절기인 오순절 전에 후원금을 전달하고자 한 듯하다. 예루살렘교회의 형편을 헤아릴 줄 알고, 후원금이 필요한 시기를 배려한 후원자로서의 바울의 마음. 이것이 사역자가 갖추어야 할 중요한 덕목이다.

3. 후원자로서의 바울은 그의 사역 속에서 어떤 모습이었는지 19-21절까지 읽고 아래 빈칸을 채워 봅시다.

19절	곧 모든 (겸손)과 (눈물)이며 유대인의 간계로 말미암아 당한 시험을 (참고) 주를 섬긴 것과
20절	유익한 것은 무엇이든지 공중 앞에서나 각 집에서나 거리낌 없이 여러분에게 전하여 (가르치고)

21절	유대인과 헬라인들에게 하나님께 대한 회개와 우리 주 예수 그리스도께 대한 (믿음)을 증언한 것이라

바울은 밀레도에서 에베소로부터 온 장로들에게 자신의 선교에 있어서 어떠한 마음가짐으로 사역해왔는지를 나눈다. 그는 겸손과 눈물로 그 사역을 감당했다. 그리고 자신을 향해 오는 압박 속에서도 그 모든 시험을 인내함으로 주님을 섬겼고, 전하여 가르침에 있어서 유익한 것은 어디에서나 거리낌 없이 가르쳤다. 무엇보다 하나님 앞에서의 회개와 예수 그리스도에 대한 믿음을 전함에 있어서 열심을 다했다. 사역자에게서 중요한 덕목 중에 하나는 복음의 핵심을 전할 때 확신과 담대한 태도를 가지는 것이다. 후원자로서의 바울은 겸손, 눈물, 그리고 인내를 통해 열심을 다했다. 새롭게 세워지는 지도자에게는 흔들리지 않는 복음에 대한 확신과 함께 그 복음을 전함에 있어서 겸손함, 영혼에 대한 안타까움, 그리고 눈물로 씨를 뿌리는 상황 속에서도 인내함으로 이겨내는 근성이 필요하다.

4. 후원자로서 바울이 자신의 사명을 감당하기 위해 가진 가장 강력한 마음가짐이 무엇이었는지 다음에 나오는 말들을 참고로 문장을 만들어 봅시다.

> 성령에 매여(22절), 결박과 환난(23절), 내가 달려갈 길(24절),
> 복음을 증언하는 일(24절), 나의 생명조차(24절)

이에 대한 정답은 다양하게 표현될 수 있다. 모범답안을 소개하면, "바울은 성령에 매여 있는 자로서 그 어떠한 결박과 환난이 온다 할지라도 내가 달려갈 길, 곧 복음을 증언하는 일을 감당함에는 나의 생명조차도 귀하게 여기지 않겠다."는 마음가짐이라 할 수 있다. 바울은 스스로 성령에 사로잡힌바 되어 자신의 사명을 감당하고 있었음을 증언한다. 그는 성령의 부르심으로 아시아에서 유럽으로 진출하였으며,

12단원 사역자는 예비 사역자를 후원합니다

그렇게 유럽이 복음화 될 수 있었고, 이제 또다시 성령의 인도하심을 따라 예루살렘으로 가고자 하지만 그곳에서 어떤 일들이 일어날 지에 대해서는 모른다. 하지만 바울은 이 또한 성령의 인도하심이라 확신하였고, 비록 결박과 환난이 자신을 기다리고 있다고 하여도 그는 자신이 달려갈 길에 대한 사명을 감당하는 일에 충실하고자 했다. 그 사명은 곧 복음을 증언하는 일이었고 그는 그 일을 위해서는 자신의 생명조차도 귀하게 여기지 않겠다는 마음가짐이 있었다. 사역자에게 있어서 이보다 더 강력한 마음가짐은 없다. 자신의 죽음까지도 두려워하지 않는 마음이 있었기에 그 어떠한 결박과 환난도 그를 이길 수 없었던 것이다. 복음을 위해 죽음을 두려워하지 않았던 바울의 그 마음이 그 어떤 이도 변명할 수 없는 복음의 길을 전할 수 있게 하였다.

5. 바울은 에베소에서 온 장로들에게 공동체를 위하여 어떻게 구체적으로 후원할 수 있는지를 권면합니다. 28–35절까지 꼼꼼히 읽고 해당되는 구절에서 구체적인 후원자의 덕목을 생각해보고 빈칸에 써봅시다.

구절	말씀	전도자에게 필요한 자세
28절	여러분은 자기를 위하여 또는 온 양 떼를 위하여 삼가라 성령이 그들 가운데 여러분을 감독자로 삼고 하나님이 자기 피로 사신 교회를 보살피게 하셨느니라	자기를 위하여 그리고 양 떼를 위하여 (삼가라) 하나님이 자기 피로 사신 교회를 (보살피게) 하셨느니라
31절	그러므로 여러분이 일깨어 내가 삼 년이나 밤낮 쉬지 않고 눈물로 각 사람을 훈계하던 것을 기억하라	각 사람을 (눈물)로 훈계하던 것을 기억하라
32절	지금 내가 여러분을 주와 및 그 은혜의 말씀에 부탁하노니 그 말씀이 여러분을 능히 든든히 세우사 거룩하게 하심을 입은 모든 자 가운데 기업이 있게 하시리라	(말씀)이 여러분을 든든히 세우사 기업이 있게 하시리라

범사에 여러분에게 모본을 보여준 바와 같이 수고하여 약한 사람들을 돕고 또 주 예수께서 친히 말씀하신 바 주는 것이 받는 것보다 복이 있다 하심을 기억하여야 할지니라

범사에 (수고하여) 약한 사람을 (돕고) (주는 것)이 받는 것보다 복이 있음을 기억하라

바울은 에베소교회의 장로들에게 신앙의 후원자로서 공동체에 속한 이들을 어떻게 후원할 수 있는지를 구체적으로 가르친다. 교회의 지도자들은 스스로 조심하며 유의해야 하는데 바울은 이를 '삼가라'(프로쎄코)는 표현으로 권면한다. 하나님께서 자기 피로 사신 교회를 보살피도록 지도자를 세우셨는데, 그러기 위해서 지도자는 매사 스스로 조심하며 유의해야 하는 것이다. 바울은 에베소에서 삼 년이나 밤낮 쉬지 않고 믿는 자들이 잘 세워지도록 가르쳤고, 눈물로 그렇게 했다고 고백한다. 가르침에 있어서 말만이 아니라, 영혼을 향한 안타까움과 사랑으로 후원하였음을 말하고 있는 것이다. 그리고 무엇보다 교회는 말씀에 든든히 서 있어야 한다. 그것이 사람으로 하여금 든든하게 세워지게 만들기 때문이다. 마지막으로 바울은 자신이 모본을 보여준 것처럼 지도자는 범사에 수고하여야 하고, 약한 사람을 도와주며, 받기보다 주는 것이 더 복이 있음을 기억하라고 권면한다. 에베소에서 밀레도로 바울을 만나러 온 장로들에게 바울이 건네는 충언은 오늘 우리에게 시사하는 바가 크다. 후원자로서의 바울 자신의 마음가짐뿐만 아니라, 구체적으로 에베소교회의 지도자들에게 교회 안에서 어떻게 후원해야 하는지를 알려줌으로써 사역자와 예비 사역자인 우리에게 그렇게 후원하라고 요청하고 있기 때문이다.

관점바꾸기   영광의 관을 얻으리라!

배울말씀과 관련하여 베드로전서 5장 1–4절을 읽고 물음에 답해 봅시다.

1. 베드로가 아시아 지역에 흩어져 있는 교회들의 지도자들인 장로들에게 자신을
   어떻게 소개하고 있는지 1절을 잘 읽고 아래 빈칸에 채워봅시다.

1절	나는 함께 (장로) 된 자요
	그리스도의 고난의 (증인)이요
	나타날 (영광)에 참여할 자니라

베드로는 본도, 갈라디아, 갑바도기아, 아시아 등지에 있는 교회들과 기독교인들
에게 편지하면서 특별히 '장로'들에게 권면한다. 장로의 본뜻은 '연장자'를 의미하
지만 신약성경이 말하는 장로(長老)는 구약에서 말하는 장로와는 차이가 있다. 구
약에서는 이스라엘 사회의 한 가문의 어른도 장로라고 불렸고(신 19:12), 지파의
장(長)에게도 장로란 칭호를 붙였으며(레 4:15), 지역 사회의 연장자도 장로라고
불렀다(욥 32:4). 초대 기독교회는 유대교의 장로 제도를 도입하였으나(행 11:30),
유대교의 장로가 자동적으로 교회의 장로가 되지는 않았다. 반드시 예수 그리스
도를 구주로 믿고 신앙을 고백하여야 교인이 될 수 있었고, 그 후에 장로가 되었
다. 그리하여 교회가 공적으로 장로를 택하였는데(행 14:23), 그들은 사도의 권위
아래 있었다. 이러한 신약의 장로는 사도들을 도와 교회의 행정과 관리, 목회, 설
교 등을 했는데, 유대인들이 중심인 교회에서는 그들을 '장로'라고 불렀고, 헬라인
들이 중심이 된 이방 교회에서는 '감독'이라고 불렀다. 그런데 사도인 베드로는 스
스로 자신을 '장로'라고 부르면서 사도로서의 권위나 고자세가 아닌 오히려 예수

그리스도의 고난에 대한 '증인'으로, 장차 나타날 '영광'에 참여할 자로 소개하고 있다. 이것은 모두가 예수 그리스도를 중심으로 함께 동역하고 있는 사역자들이라는 것을 강조하고 있으며, 이러한 태도는 지도자가 갖추어야 할 덕목이라고 할 수 있다.

2. 베드로는 지도자로서의 장로들에게 '무리의 본'이 되는 행동에 대해 권면하고 있습니다. 2-3절을 읽고 그에 해당하는 모습에 밑줄을 긋고 그에 대한 여러 분들의 생각을 서로 이야기해 봅시다.

2절	너희 중에 있는 하나님의 양 무리를 치되 억지로 하지 말고 하나님의 뜻을 따라 자원함으로 하며 더러운 이득을 위하여 하지 말고 기꺼이 하며
3절	맡은 자들에게 주장하는 자세를 하지 말고 양 무리의 본이 되라

지도자는 맡겨진 일을 하나님께서 위임하신 사명으로 여기는 청지기의식을 가져야 한다. 그러므로 억지로 하기 보다는 감사와 충성을 다해 감당할 수 있어야 하고, 기쁨과 보람으로 여길 줄 알아야 한다. 또 맡겨진 일을 수행하면서 생길 수 있는 유혹들, 이를 테면 욕심, 물질이나 명예에 의한 보상들에 마음을 빼앗기지 말고, 나의 고집이나 권위를 내세우기보다 겸손함으로 타인과 후배 사역자들의 본이 되어야 한다.

3. 베드로는 교회 지도자들에게 신앙의 후원자로서 자신의 사명을 충실히 감당한 이들에게 주어지는 '상'(賞)이 있을 것이라 말합니다. 4절을 잘 읽고 빈칸에 찾아 써 봅시다.

4절	그리하면 목자장이 나타나실 때에 (시들지 아니하는 영광의 관)을 얻으리라

지도자가 사명을 충실히 감당할 때, 예수 그리스도께서 오셔서 면류관을 상으로 주실 것인데, 그 면류관은 '시들지 아니하는 영광의 관'이 될 것이다. 사역자들이 자신에게 맡겨진 사명이 힘에 겨울 때, 잊지 말아야 할 '상'이 있다. 주님께서 "잘했다. 착하고 충성된 종아 네가 적은 일에 충성하였으매 내가 많은 것을 네게 맡기리니 네 주인의 즐거움에 참여할지어다."(마 25:21)

이렇게 후원합시다

내가 속해 있는 교회를 위해서, 그리고 내가 사역자로 세워졌을 때 또 다른 예비 사역자를 위해 구체적으로 어떻게 후원할 것인지를 생각해보고 아래 후원카드를 작성해 봅시다.

후원의 종류	후원의 내용
기도하기	나와 함께 혹은 나의 후임으로 세워질 사역자를 위해 ① 사역자 훈련을 잘 받을 수 있도록 ② ③
스스로를 삼가기	① 지도자로서의 덕스럽지 못한 언행 ② ③
보살피기	① 훈련받고 있는 예비 사역자의 필요를 채우기 ② ③
말씀에 든든히 서기	① 매일 말씀 읽기 ② ③

수고하기	① 교회 환경미화에 참여하기 ② ③
받기보다 주기	① 엘리베이터가 꽉 찼을 때 양보하기 ② ③

후원카드를 구체적으로 다 작성한 후, 돌아가면서 후원의 내용을 들어본다. 이 카드는 꼭 성경책과 함께 휴대하면서 늘 살펴보고 잊지 않도록 한다. 후원 내용은 교회의 형편에 따라서 다양할 수 있다. 중요한 것은 내가 반드시 후원자가 될 수 있도록 예비 사역자들을 위해 기도하고, 담임목회자와 의논하여 예비 사역자를 발굴하여 양육하면서 구체적으로 후원할 수 있도록 해야 한다는 것이다.

새길말씀 외우기

범사에 여러분에게 모본을 보여준 바와 같이 수고하여 약한 사람들을 돕고 또 주 예수께서 친히 말씀하신 바 주는 것이 받는 것보다 복이 있다 하심을 기억하여야 할지니라 (행 20:35)

다함께 드리는 기도

1. 오늘 배운 말씀과 내용을 생각하며 다함께 기도하는 시간을 갖도록 합시다.
2. 오늘 참석한 구성원들을 위해서 이름을 불러 가며 중보의 기도를 합시다.
3. 오늘 참석하지 못한 구성원이 있으면 그 사람을 위해 더욱 뜨거운 마음으로 기도합시다.
4. 한 주간의 삶을 통해서 오늘 배우고 익힌 내용들을 삶으로 살아갈 수 있도록 기도합시다.
5. 하나님의 은혜 가운데서 한 주를 살고, 다음 모임 시간에 모두가 모일 수 있도록 기도합시다.

＊사역자로서 이 과를 마치고 난 느낌이나 소감, 다짐 등을 간단하게 말해 봅시다.

다음 모임을 위하여

1. 다음 주에 읽어야 할 성경말씀을 읽고 확인합시다.
2. 47과의 배울말씀인 사도행전 6장 1-7절을 읽고 묵상합시다.

평신도제자훈련교재
평가하기

평가항목	세부사항	그렇다	그저 그렇다	아니다
인도자의 준비도	인도자는 본 과의 교육목적을 이룰 수 있도록 충분하게 준비했습니까?			
교육목표의 성취도	1. 학습자들은 자신의 잘못된 선입견과 고정관념을 버리고 순수한 마음으로 주님을 만날 준비가 되었습니까? 2. 학습자들이 예수에 대하여 지식적으로 아는(know) 단계에서 체험적으로 아는(see) 단계로 발전하고자 결단하게 되었습니까?			
학습자의 참여도	학습자들이 진지하고 적극적인 태도로 성경공부에 임했습니까?			
성경공부의 분위기	성경공부를 하는 동안 학습자들이 편안한 분위기를 느낄 수 있었습니까?			
기타 보완할 점	기타 보완할 점이나 건의사항이 있습니까?			

성경 읽기표

읽을 범위		월 일 주일	월 일 월요일	월 일 화요일	월 일 수요일	월 일 목요일	월 일 금요일	월 일 토요일
	구약	주일은 설교말씀 묵상	말 1~4장	창 1~3장	창 4~6장	창 7~9장	창 10~12장	창 13~15장
	신약		롬 1~3장	롬 4~6장	롬 7~9장	롬 10~12장	롬 13~16장	고전 1~3장
확인								

47 예비 사역자 후원하기

평신도 제자훈련교재

배울말씀 사도행전 6장 1-7절

도울말씀 창 23:6, 출 28:41; 29:29; 30:30; 40:13,15, 민 3:3, 왕하 2:9, 시 119:73,
마 9:37; 10:1; 16:24; 28:19, 눅 5:32; 9:1,6, 요 13:1,35, 행 2:21; 9:17, 27,
롬 1:6; 10:13, 엡 4:4; 6:21, 살전 5:9, 딤후 1:11; 2:15, 벧전 1:15, 계 17:14

새길말씀 그러므로 너희는 가서 모든 민족을 제자로 삼아 아버지와 아들과 성령의 이름으로 세례를
베풀고 내가 너희에게 분부한 모든 것을 가르쳐 지키게 하라 볼지어다 내가 세상 끝날까지
너희와 항상 함께 있으리라 하시니라 (마 28:19-20)

이룰 목표

① 사역자는 하나님의 나라를 위해 항상 준비되고 또 세워져야 함을 안다.

② 사역자들의 유기적인 후원과 동역의 필요성을 깨닫는다.

③ 맡겨진 사명 속에서 사역자로서의 모범을 실천한다.

교육흐름표

	O.T.	관심	탐구	관점	실천
	10 min	15 min	15 min	10 min	20 min

교육진행표

구분	오리엔테이션	관심갖기	탐구하기	관점바꾸기	실천하기
제목		이런 사역자, 어때요?	이런 사역자!	사역자의 마음	사명자로 태어납시다!
내용	환영 및 개요 설명	사역자의 역할과 자세	동역	동역자의 관계	결단하기
방법	강의	생각 나누기	성경 찾아 답하기	성경 찾아 답하기	찬양하기 및 기도하기
준비물	출석부		성경책	성경책	
시간(70분)	10분	15분	15분	10분	20분

사역자에게 있어서 최고의 사명은 새로운 사역자를 세우는 일에 참여하는 것이다. 그것은 복음을 만나지 못한 이를 전도하거나, 혹은 공동체 속에서 잠재적 가능성을 가진 이를 발굴하여 직접 양육하든지, 아니면 목회자나 또 다른 사역자를 통한 훈련을 통하든지 해서 새로운 사역자로 세움으로써 동역(同役)하도록 하는 일이다. 이렇게 사역자를 세우는 일이 하나님의 나라를 위한 일이요, 사역자로서 결코 포기하거나 쉴 수 없는 사명인 까닭은 이것이 주님의 명령이기 때문이다(마 28:18-20). 또한 이런 사명이 교회 안에서 충실하게 수행될 때, 한 영혼을 위한 가치와 그에 부합하는 역동성으로 인해 교회가 생명력과 복음의 능력을 발휘할 수 있게 된다.

이렇게 사역자가 또 다른 사역자를 세움에 있어서 필요한 중요한 기술이 있다면, 그것은 신뢰를 바탕으로 한 '위임'(委任)의 기술이다. 위임의 목적은 하기 싫은 일을 제거하기 위함이 아니라, 위임받은 자로 하여금 가장 중요한 일에 몰두하게 하기 위해, 잠재적 리더십을 개발할 수 있게 하기 위해, 그리고 적절한 통제의 범위를 유지하게 하여 일처리를 효과적으로 하게 할 목적으로 '어떤 일에 대해 책임과 권한을 주어 맡기는 일'이다. 이를테면, 지금까지 본 교재로 훈련받은 것은 결국 위임을 위한 과정이라 할 수 있다. 이러한 위임의 기술을 가장 확실하게 보여주신 분이 바로 예수 그리스도이시다. 주님은 제자들을 훈련시키신 후 책임과 권한을 함께 위임하셔서 세상에 파송하셨을 뿐만 아니라(눅 9:1-6; 10:1-16), 제자들에게 사명과 권세를 위임하셨다. 그것이 바로 지상명령이다. "하늘과 땅의 모든 권세를 내게 주셨으니 그러므로 너희는 가서 모든 민족을 제자로 삼아 아버지와 아들과 성령의 이름으로 세례를 베풀고 내가 너희에게 분부한 모든 것을 가르쳐 지키게 하라 볼지어다 내가 세상 끝날까지 너희와 항상 함께 있으리라 하시니라."(마 28:19-20)

구약성서에서 모세 역시 자기의 임무가 너무 많아 다 처리할 수가 없어서 그 감독범위에 따라 천 명을 거느릴 관리자와, 백 명을 관리할 관리자, 오십

명을 관리할 관리자, 십 명을 관리할 관리자를 세움으로써 그들의 업무에 맞게 권한을 위임해 주었다. 즉 그들로 하여금 직접 백성을 다스리게 하고 그들에게 작은 사건들을 위임하여 업무를 분담한 것이다(출 18장). 이때 모세는 온 백성을 살펴서 하나님을 두려워하고, 진실하며, 불의한 이익을 미워하는 사람을 세웠는데(출 18:19-27), 이러한 조건이 하나님 보시기에 능력 있는 사람이요, 잠재적 가능성이었던 것이다.

이렇듯 새로운 사역자가 세워지기 위해서는 기존의 사역자를 보고, 배우고, 따르는 예비 사역자(혹은 예비 리더), 즉 팔로어(follower)가 있어야 하는데, 리더십 강의로 유명한 번즈(James M. Burns)는 리더십과 팔로어십의 상호관련성에 대하여 리더십이란 리더가 리더 자신과 예비 리더 모두의 동기와 가치를 담고 있는 특정한 목표를 실행에 옮기도록 예비 리더를 유도하는 과정이라고 정의했다. 리더와 예비 리더의 유기적 관계는 이처럼 리더십을 세우는 과정에 있어서 중요한 핵심요소(key)가 된다. 그런 면에서 좋은 리더는 예비 리더를 공동의 창조자로 인정할 수 있어야 하고, 파트너십(partnership, 동역)을 가질 수 있어야 한다. 무엇보다 함께 나누고, 서로를 위해 기도로 중보하며, 경건의 삶을 위해 서로 격려하고, 신앙의 모범을 위해 애쓰며, 비전과 사명을 위해 함께 도모할 수 있어야 한다. 또 무엇보다 사역자는 새로운 사역자가 세워질 수 있도록 후원할 줄 알아야 한다.

배울말씀의 배경이 되는 예루살렘 교회는 히브리파 사람들과 헬라파 유대인으로 구성되어 있었다. 히브리파는 대부분 팔레스타인 태생으로 아람어를 사용했고, 헬라파 유대인들은 그리스-로마의 각지에 흩어져 살거나, 혹은 적어도 그곳들과 밀접한 관계 속에서 살며, 헬라어를 사용하였다. 전체 유대사회 내에서 히브리파와 헬라파 유대인들 간에는 이미 어떤 긴장관계가 있어 왔다. 그런데 이러한 관계가 이들이 예수님을 메시아로 인정하고 메시아의 공동체에 들어온 이후에도 여전히 계속되었다. 그러한 관계에서 대부분 그러하듯이 이런 긴장관계가 사소한 문제에서부터 부각되기 시작했다. 부자들이 헌납한 공동 재산을 가지고 가난한 성도들에게 매일 구제금을 할당하곤 했는데, 여기에서 어느 한쪽 사람들에게 이익이 많이 돌아간다는 불평이 생긴 것이다. 즉 혜택의 대다수를 차지하고 있는 과부들 중에서, 헬라파 과부들은 히브리파에 비하여 혜택을 덜 받았던 것이다. 이는 아마도 구제금을 나누는 일을 히브리파 사람들이 담당했기 때문일 것이다.

　지혜롭게도 사도들은 이 문제를 '위임의 기술'을 통해 즉시 해결하기로 결정하였다. 공동체의 재정을 관리하거나, 매일 구제에 적극적으로 나서는 것은 사도들의 직무가 아니었기 때문이다. 그래서 사도들은 공동체를 소집해서 일곱 사람을 택하여 그들로 하여금 구제금 분배를 관장하도록 하였다. 이 일곱 사람은 청렴결백을 인정받을 만큼 존경받는 인물이어야 했고, 또 지혜가 충만하여 구제를 관장할 능력이 있어서 이런 미묘한 상황을 지혜롭게 처리하기에 합당해야 했다. 그리고 무엇보다도 성령이 충만한 사람이어야 했다. 마침내 이러한 조건을 갖춘 이들로 일곱 명의 집사가 선출되었다. 이와 같은 새로운 리더십의 등장으로 교회는 하나님의 말씀이 더욱 왕성해졌고, 그로 인해 예루살렘에 있는 제자의 수가 심히 많아졌을 뿐만 아니라, 심지어 제사장의 많은 무리도 복음에 복종하게 되었다. 이와 같이 사역자가 새롭게 세워지고 기존의 사역자의 후원이 이어질 때, 공동체에 말씀이 왕성하여지고 부흥케 되는 열매를 맺게된다.

평신도제자훈련교재
관심갖기　　　　　　　　　　이런 사역자, 어때요?

아래 글은 한 기독교 신문에 실린 기사로 오랜 기간 동안 봉사하고 있는 평신도 사역자들에게 '사역자의 역할과 자세'에 대해 인터뷰한 내용입니다. 잘 읽고 질문에 대답해 봅시다.

교회의 머리는 그리스도이고 성도들은 어디까지나 교회의 지체다. 교회의 영적 리더는 분명 목사다. 그러나 교회 안에서 평신도 리더가 감당할 역할이 분명히 있다. 새신자를 정착시키는 구역장부터 각 부서 부장들까지, 평신도 리더들이 없으면 교회와 성도가 함께 건강하게 성장해 나갈 수 없다. 각각 20년 안팎 평신도 리더로서 활동해온 사랑의교회 박향배(54) 권사, 지구촌교회 이혜영(54) 권사, 명성교회 이명한(55) 집사에게 평신도 리더의 역할과 자세에 대해 들어봤다.

◇ 자녀 키우듯 인내, 또 인내

사랑의교회에 출석한 지 30년, 순장(구역장)을 맡은 지 20년 된 박 권사는 순장을 부모 역할에 비유했다. "기독교인에게는 '자녀는 하나님이 맡기신 사람'이라는 사상이 있잖아요? 순원도 똑같아요. 내 욕심대로 가르치고 성장시키려고만 하지 말고 하나님께서 키워주시도록 기도하면서 기다려줘야 하죠." 괜히 삐딱하게 나오는 사람들도 있다. "그럴 때는 자신이 가진 문제가 큰데, 리더가 몰라준다는 섭섭함이 있을 거예요. 그 점을 빨리 알아차려야 해요. 그러려면 항상 관찰하고, 주의 깊게 들어줘야 하죠." 이런 깨달음을 얻기까지 박 권사도 어려움이 많았고, 말씀을 아무리 전해도 자라지 않는 듯한 초신자들 때문에 애가 타기도 했다. 그러나 박 권사는 "콩나물시루에 물을 부으면 물이 밑으로 다 빠져도 콩나물은 자라잖아요. 기다리다 보면 영적으로 자라게 되더라고요." 하면서 웃었다.

◇ 리더도 미성숙함을 인정해야

이혜영 권사는 1991년부터 구역장으로 일했고 현재는 7개 목장(구역)의 목자(구역장)를 관리하는 마을장을 맡고 있다. "교회의 구역은 미성숙한 사람들끼리 모인 단위잖아요. 구역장과 구역원은 목사와 성도처럼 확연하게 구분된 관계가 아니고, 먼저 이사 왔거나 이 교회에 출석한 선배와 후배 사이일 뿐이죠. 피차 미성숙하다는 것을 인정하니 비로소 리더 역할이 감당이 되더라고요." 구역장은 새로운 리더를 세우는 역할도 해야 한다. 이 권사는 "구원의 확신도 없던 사람이 훌륭한 리더가 된 모습을 보면 뿌듯합니다."라면서 리더 역할을 얼마 못 가 내려놓는 사람들에 대한 안타까움을 표했다. 이 권사는 자기 힘으로 다 하려고 하니까 잘 안 되는 것 같다면서 목자들에게 "성령님이 일하시도록 하세요.", "모인 사람들의 시간이 헛되지 않도록 준비를 잘하세요." 등의 조언을 주로 한다고 전했다.

◇ '순종'의 본분 잊지 않도록

이명한 집사는 1983년부터 명성교회에 출석했고 교회학교 유아부, 새신자부, 안내부 부장을 거쳐 현재 남선교회 3부장까지 20여 년간 리더 역할을 감당해 왔다. 현재 맡은 남선교회 3부는 6,000여 명 회원 중 30~40대 초 남성 1,500여 명이 소속돼 있다. "이 나이대를 통솔하는 것이 제일 어려워요. 직장에서도 가장 바쁘게 일할 때고, 가정에서도 한창 애들 키울 때니까요." 이런 남성들을 이끄는 비결은 '인생의 멘토'가 돼주는 것이다. "직장에서 술 마시는 문제를 상의해 오면 제 경험을 얘기해 줍니다. 저도 건설회사 다니던 30대 때 담임(김삼환) 목사님과 같은 아파트에 살았는데 술 취해서 딱 걸린 적 많아요. 목사님이 늘 인자하게 웃으시며 '술 드셔도 교회 나오세요.' 하셔서 이렇게 신앙생활하게 됐다고, 대신 전해주는 것이죠." 이 집사는 평신도 리더의 역할은 무엇보다 '성도의 본분은 순종'이라는 점을 일깨워 주는 것이라고 말했다.

이렇게 열과 성을 다해 리더로 일한 보답은 무엇일까. 세 사람은 모두 '가정이 화목하고 아이들이 잘 자랐다'고 말했다. 하나님의 자녀를 돌보느라 애쓰는 사이, 자신들의 자녀는 하나님이 더 훌륭하게 키워주셨다는 대답이었다.

〈2010. 5. 31. 국민일보〉

1. 위의 이야기를 읽고, 여러분이 생각하는 사역자의 역할과 자세는 무엇이라고 생각하는지 이야기해 봅시다.

각자의 생각을 들어본다.

교회에는 다양한 사람들이 모인다. 사역자의 모습과 그 은사도 다양하다. 다양한 모습으로 그 역할이 설명될 수 있지만 사역자의 역할은 사람을 세우고, 하나님의 나라를 이루어 가는 일일 것이다. 사역자의 자세에 관한 한 우리는 예수님께로부터 배울 수 있다. 그분의 사랑과 희생은 언제나, 그리고 영원토록 우리로 하여금 본받게 한다.

배울말씀인 사도행전 6장 1~7절을 읽고 물음에 답해 봅시다.

1. 하나님의 나라를 이루어감에 있어서 하나님께서는 믿음의 길을 가는 우리로 하여금 동역할 수 있도록 우리를 사역자로 부르십니다. 때로는 공동체가 안고 있는 문제를 헤쳐가기 위해 부르시기도 합니다. 배울말씀에 등장하는 예루살렘교회에 새로운 사역자가 필요했던 이유는 무엇이었나요? 그리고 우리교회는 무엇을 위해 사역자가 필요한지 아래 빈칸에 써 봅시다.(1,2절)

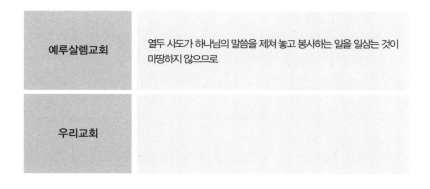

예루살렘교회	열두 사도가 하나님의 말씀을 제쳐 놓고 봉사하는 일을 일삼는 것이 마땅하지 않으므로
우리교회	

현재 출석하고 있는 여러분의 교회는 무엇 때문에 사역자가 필요한지 써보고 함께 이야기해 본다. 당시 예루살렘교회는 복음의 능력이 나타난 후부터 많은 사람들이 몰려들었다. 또 예루살렘교회는 교회의 중요한 사역인 구제에도 힘썼다. 그런

데 이 구제에 대한 수혜에 있어 헬라파에 속한 과부들이 늘 누락되고 있었다. 그런 이유로 원망의 소리들이 들리기 시작했다. 이에 열두 사도들은 자신들에게 편중되어 왔던 사역을 반성하고 함께할 새로운 사역자들을 세움으로 이러한 일들을 효과적으로 대처하기 원했다.

2. 열두 사도는 사역자를 택함에 있어서 구체적인 조건을 제시합니다. 무엇인지 찾아 써보고 그 의미가 무엇인지 이야기해 봅시다. (3절)

행 6:3	형제들아 너희 가운데서 (성령)과 (지혜)가 충만하여 (칭찬) 받는 사람 일곱을 택하라 우리가 이 일을 그들에게 맡기고

열두 사도는 새로운 사역자를 세우기 위해 모든 제자를 불러 들였다. 그리고는 그동안 구제하는 일로 인해 하나님의 말씀에 소홀했음을 깊이 반성하면서 성령과 지혜가 충만하여 칭찬 듣는 사람을 택한다. 성령과 지혜가 충만함으로 칭찬 듣는 사람은 우선, 자기중심적인 사람이기보다는 하나님의 마음과 심정을 가진 헌신적인 사람을 의미한다. 성령충만은 나를 하나님으로 채우는 것이기에 인간적인 계산과 욕심에 의하지 않으며 도리어 자신을 하나님의 도구로 내어드리는 것이다. 여기에 지혜도 충만해야 한다. 지혜는 하나님의 일을 수행함에 있어서 필요한 능력이다. 예루살렘교회는 구제하는 일에 있어서 편중됨이 없이 균형 있게, 그리고 그동안 제외되어 온 이들에 대한 배려가 있어야 했다. 이를 위해 새롭게 세워지는 일꾼들은 이에 대한 계획, 규모, 그리고 그 외에 교회가 요청하는 행정적인 일들에 대해서도 지혜가 충만해야 했던 것이다. 마지막으로 이렇게 성령과 지혜가 충만함으로 칭찬 듣는 사람이어야 했다. 칭찬은 성령과 지혜가 충만한 이에게 주어지는 결과였다.

3. 하나씩 작용할 때보다 여러 요인이 함께 작용하여 더 커지는 효과를 '상승효과 (synergy effect)'라고 합니다. 예루살렘교회는 열두 사도들과 새롭게 세워진 사역자들을 통해 교회가 부흥하게 되었습니다. 아래 그림에 있는 본문을 잘 읽고 빈칸에 들어갈 내용들을 찾아 써보고 함께 이야기해 봅시다.

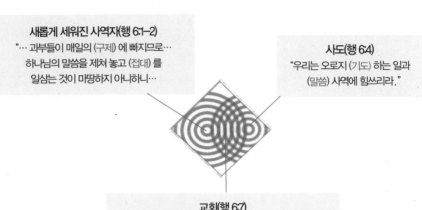

새롭게 세워진 사역자(행 6:1-2)
"… 과부들이 매일의 (구제) 에 빠지므로… 하나님의 말씀을 제쳐 놓고 (접대) 를 일삼는 것이 마땅하지 아니하니…"

사도(행 6:4)
"우리는 오로지 (기도) 하는 일과 (말씀) 사역에 힘쓰리라."

교회(행 6:7)
"(말씀) 이 점점 왕성하여 (제자) 의 수가 더 심히 많아지고 허다한 제사장의 무리도 이 (도) 에 복종하니라."

예루살렘교회는 사도들과 새롭게 세워진 사역자들이 효율적으로 사역을 분담함으로써 말씀이 왕성하여지고 제자의 수가 심히 많아지는 상승효과를 맞게 되었다. 사도들은 말씀과 기도하는 일에 집중할 수 있게 되었고, 일곱 집사들은 그동안 구제에서 제외되어 왔던 이들에게 더 많은 관심을 가지고 섬기는 일을 맡을 수 있게 되었다.

1. 민수기 27장 12-23절은 모세에서 여호수아로 리더십이 전가되고 있는 장면입니다. 본문을 잘 읽어보고 아래에 주어진 단어들을 사용해서 모세의 심정을 이야기해 봅시다.

> 땅, 불순종, 목자, 순종, 서운함, 질투, 존귀, 사명, 축복, 안수, 위탁, 모범, 사역자

위 단어를 사용하여 각자가 생각하는 바를 이야기해 본다.

사실 모세만큼 그 사명을 잘 감당한 이도 흔치 않다. 그러나 하나님의 말씀 앞에 모세는 순종하여 자신의 후계자 여호수아를 축복하며 리더십을 물려준다. 아마도 인간적인 권위나 욕심이 앞섰다면 가나안 땅 진입과 여호수아에게 위임하는 것을 거부했을지도 모른다. 그러나 모세는 자신의 역할은 거기까지라는 사실을 받아들였다. 이와 같이 주님의 몸 된 교회와 세상을 위해 부름을 받은 사역자들은 자신보다 맡겨진 사명을 우선 고려할 줄 알아야 한다.

하나님의 부르심을 받은 사역자는 자신의 역할을 함께 혹은 이어서 동역할 새로운 사역자를 염두에 두어야 한다. 오늘날 교회에서 새로운 사역자를 세울 때에는 담임 목회자의 훈련과 검증, 그리고 위임 등의 절차가 반드시 동반되어야 한다. 또 현재 맡겨진 사명을 수행하고 있는 평신도 사역자들은 담임목회자와의 유기적인 관계 속에서 자신의 역할을 충실히 감당할 수 있는 새로운 사역자가 언젠가 세워질 수 있도록 해야 한다. 그렇게 될 때, 그 사역의 장(場)은 안정과 함께 성숙과 성장을 도모할 수 있다.

2. 출애굽기 17장 8-16절을 잘 읽고, 동역하는 사역자들 간의 관계를 그들의 행동과 그 행동의 의미와 관련지어 생각해 본 후, 아래 빈칸을 채우고 함께 이야기해 봅시다.

	구체적 행동 내용	그 행동의 의미
모세	(손을 듦)	중보기도
여호수아	아말렉과 전쟁을 함	(영적 전쟁)
아론, 훌	(모세의 손을 붙들어 올림)	동역

빈칸에 적절한 말을 채워보고 각자의 생각을 이야기해 본다. 건강한 교회는 담임목회자와 함께 동역하는 평신도 사역자의 관계는 물론이고 사역자들 간의 관계도 건강하다. 본문은 이러한 튼튼한 관계가 중심이 되어 직면한 문제를 해결한 사건을 소개하고 있다. 르비딤에서 아말렉과 전쟁을 할 때, 모세는 산꼭대기에 서서 중보기도를 한다. 그런데 그 방법은 모세가 손을 드는 것이었다. 모세의 손이 올려져있는 동안에는 이스라엘이 이기지만, 모세가 피곤하여 그의 손이 내려오면 아말렉이 이기게 된다. 그때 함께한 아론과 훌이 모세의 팔이 내려오지 않도록 돕는다. 이 장면에서 우리는 멋진 동역(partnership)을 볼 수 있다. 모세는 중보하고, 여호수아는 전쟁에 나가 민족을 지키며, 아론과 훌은 피곤에 지친 모세를 돕는 것이다. 우리는 바로 이러한 모습을 우리교회에서 볼 수 있어야 한다. 사역자들에게 맡겨진 사역의 내용은 다르지만 각자의 역할을 충실히 수행하는 것이 곧 동역이다. 도움이 필요하거나 중보가 필요할 때면 서로를 위한 배려를 아끼지 않는 것 또한 동역이다. 그럴 때 사역의 상승효과(synergy)가 일어나게 된다. 하나님께서는 그런 아름다운 모습 속에 동역하는 공동체에 사역의 열매를 풍성케 하실 것이다.

1. 사명자로 훈련받을 수 있도록 우리를 불러주신 하나님의 사랑과 우리 주 예수
   그리스도의 은혜에 감사합시다. 아래의 찬양을 부르면서 마음 깊이 사역자의
   길을 결단합시다.

여기에 모인 우리
(원제 : 이 믿음 더욱 굳세라)

2. 함께 훈련받았던 동역자들과 함께 기도하는 시간을 가져봅시다. 서로를 위해 기도할 수 있도록 둥글게 서서 아래의 기도제목을 가지고 합심해서 기도합시다.

- 맡겨진 사명을 감당할 수 있는 능력을 주시고 성령님의 역사가 나타나게 하옵소서.
- 사명을 잘 감당하여 교회에 덕을 세울 수 있도록 하옵소서.
- 담임 목회자에게 순종하며 맡겨진 양들을 진정으로 섬길 수 있도록 하옵소서.
- 맡겨진 사명을 감당하다 주님 만나게 하옵소서.

합심기도가 끝나면 담임 목회자가 참여한 모든 이에게 축복하며 안수기도를 한다.

새길말씀 외우기

그러므로 너희는 가서 모든 민족을 제자로 삼아 아버지와 아들과 성령의 이름으로 세례를 베풀고 내가 너희에게 분부한 모든 것을 가르쳐 지키게 하라 볼지어다 내가 세상 끝날까지 너희와 항상 함께 있으리라 하시니라 (마 28:19-20)

다함께 드리는 기도

1. 오늘 배운 말씀과 내용을 생각하며 다함께 기도하는 시간을 갖도록 합시다.
2. 오늘 참석한 구성원들을 위해서 이름을 불러 가며 중보의 기도를 합시다.
3. 오늘 참석하지 못한 구성원이 있으면 그 사람을 위해 더욱 뜨거운 마음으로 기도합시다.
4. 한 주간의 삶을 통해서 오늘 배우고 익힌 내용들을 삶으로 살아갈 수 있도록 기도합시다.
5. 하나님의 은혜 가운데서 한 주를 살고, 다음 모임 시간에 모두가 모일 수 있도록 기도합시다.

＊사역자로서 이 과를 마치고 난 느낌이나 소감, 다짐 등을 간단하게 말해 봅시다.

다음 모임을 위하여

1. 다음 주에 읽어야 할 성경말씀을 읽고 확인합시다.
2. 48과의 배울말씀인 사도행전 2장 44-47절을 읽고 묵상합시다.

평신도제자훈련교재
평가하기

평가항목	세부사항	그렇다	그저 그렇다	아니다
인도자의 준비도	인도자는 본 과의 교육목적을 이룰 수 있도록 충분하게 준비했습니까?			
교육목표의 성취도	1. 학습자들은 자신의 잘못된 선입견과 고정관념을 버리고 순수한 마음으로 주님을 만날 준비가 되었습니까? 2. 학습자들이 예수에 대하여 지식적으로 아는(know) 단계에서 체험적으로 아는(see) 단계로 발전하고자 결단하게 되었습니까?			
학습자의 참여도	학습자들이 진지하고 적극적인 태도로 성경공부에 임했습니까?			
성경공부의 분위기	성경공부를 하는 동안 학습자들이 편안한 분위기를 느낄 수 있었습니까?			
기타 보완할 점	기타 보완할 점이나 건의사항이 있습니까?			

성경 읽기표

읽을 범위		월 일 주일	월 일 월요일	월 일 화요일	월 일 수요일	월 일 목요일	월 일 금요일	월 일 토요일
	구약	주일은 설교말씀 묵상	창 16~18장	창 19~21장	창 22~24장	창 25~27장	창 28~30장	창 31~33장
	신약		고전 4~6장	고전 7~9장	고전 10~12장	고전 13~16장	고후 1~3장	고후 4~6장
확인								

MEMO

48
평신도 제자훈련교재

소그룹 인도를 위한 워크숍

배울말씀 사도행전 2장 44–47절

도울말씀 마 4:19; 7:7; 8:22; 9:13; 10:1; 11:28; 20:16, 요 1:46; 13:35,
행 4:32; 16:15

새길말씀 날마다 마음을 같이하여 성전에 모이기를 힘쓰고 집에서 떡을 떼며 기쁨과
순전한 마음으로 음식을 먹고 (행 2:46)

이룰 목표

① 사역자는 새롭게 제안한 소그룹 운영방식(4W)을 이해할 수 있다.

② 사역자는 기존의 소그룹에 위와 같은 방식을 적용할 수 있다.

③ 사역자는 4W 방식을 실천함으로써 역동적인 모임을 인도할 수 있다.

교육흐름표

10 min	10 min	15 min	30 min	20 min
O.T.	환영	찬양	증언	사역

교육진행표

구분	오리엔테이션	환영하기	찬양으로 경배하기	증언하기	사역하기
제목		Welcome	Worship	Word	Work
내용	환영 및 개요 설명	환영	찬양	말씀	기도
방법	실제 워크숍	다양한 방법	찬양하기	은혜 나누기	기도제목 나누기 및 중보기도 하기
준비물	출석부	퀴즈, 과일, 상품 등	악보, 찬송가	성경책	
시간(85분)	10분	10분	15분	30분	20분

예수님께서 세례 요한에게 세례를 받으시고 공생애를 시작하실 때, 자신과 함께할 제자들을 부르심으로 작은 그룹을 이루셨다. 요한복음에 의하면 예수 님께서는 세례 요한을 따르던 제자들인 안드레와 요한을 제자로 부르셨고, 안 드레를 통해 그 형제인 시몬을 부르셨다(요 1:35-42). 그리고 나서 빌립을, 빌립을 통해 나다나엘(요 1:43-51)을 차례로 또 부르셨다. 마침내 열두 제 자를 세우시지만(막 3:13-19, 눅 6:12-16), 예수님을 중심으로 그 사명을 이루어 가시는 데 있어서 핵심이 되었던 그 모임은 대그룹이 아닌 소그룹이었 다. 그 후 예수님과 함께한 제자들은 자신들과 날마다 함께 먹고, 동행하며, 마음을 같이함으로써 삶의 모범을 보이신 예수님께 훈련을 받았다. 우리는 복음서에 나타난 예수님과 함께한 제자들과의 모든 대화 속에서 가르침과 배 움(Teaching and Learning)의 내용들을 확인할 수 있다. 하나님의 뜻과 계획을 위한 지체들과의 만남, 나눔, 그리고 양육과 훈련의 역동이 예수님과 함께한 소그룹 속에서 나타나고 있는 것이다. 이 소그룹 속에서 발화된 능력 이 대규모의 결신을 이끄는(행 2:41) 요인이 된 것이다. 그런 의미에서 모든 교회에서 소그룹이 역동적으로 다시 일어나야 한다. 사역자는 이러한 증거와 확신을 가지고, 맡고 있거나 혹은 맡게 될 소그룹을 일으켜야 한다.

교회에서 소그룹이라고 하면 남·여 전도회(선교회), 각 위원회, 부서별 모 임, 그리고 순, 셀, 구역, 그리고 속회 같은 지역모임 등을 의미한다. 이 모임 들은 모임의 성격에 따라 예배, 회의, 교육, 행사 등을 위해 정기적으로 모이 고, 그 모임들은 대개 예배로 시작하게 되는데, 예를 들면, 찬송, 대표기도, 말씀, 주기도와 같은 간소화된 절차를 따른다. 추가적으로 헌금순서와 광고 시간이 있을 수도 있다. 그리고 난 후 모임의 성격에 따라 회의 및 다양한 의 견 수렴, 그리고 교제를 나누기도 한다. 이러한 형태가 소그룹이 운영되는 가 장 일반적인 방식이라 할 수 있다. 그러나 본 과에서는 이러한 기존의 방식 외 에 또 다른 소그룹 인도법을 제안하고자 한다. 물론 이 방식을 강제하거나 절대시하는 것은 아니다. 다만, 소그룹을 효과적으로 운영하기 위해서 참고하거나 도움이 될 수 있는 방법을 소개함으로 형편에 따라 적용할 수 있도록 하고자 할 뿐이다. 이미 여러 교회에서 이와 같은 방식뿐만 아니라, 이보다 더 효과적인 소그룹 인도법을 자체적으로 개발하거나 도입함으로 긍정적인 결과를 경험하고 있는 교회도 있다.

본 과에서 제안하는 소그룹 인도법은 한국 NCD에서 출판한 '셀폭발 매뉴얼'(cell explosion manual)의 번역판인 'NCD 전도소그룹 실행가이드'를 참고한 것으로, 목회 현장에서의 실제적 경험을 토대로 복잡하지 않으면서도 강력하게 소그룹을 인도할 수 있는 기술적인 방법이다. 우선 소그룹을 인도할 때, 네 단계의 뼈대를 세운다. 환영하기(Welcome), 찬양으로 경배하기(Worship), 증언하기(Word), 그리고 사역하기(Work)가 그것이다. 영어로 이 네 단계 모두가 'W'로 시작하기 때문에 간단하게 '4W'라고 명명하기도 한다. 다시 말해, 이 방법은 소그룹을 인도할 때, 참여하는 이들을 따뜻하게 환영하고, 찬양을 통해 하나님께 감사와 영광을 올려드리며, 말씀의 나눔을 통해 성령의 역사하심을 경험하고, 그리고 중보기도로 서로를 위해 사역하며, 말씀을 통해 주신 은혜와 도전을 실천하도록 구성된 인도법이다. 배울말씀인 사도행전 2장에 나타나는 초대교회의 모습은 나눔을 실천하는 삶이었다. 물건을 함께 쓰고, 성전이든 집이든 모이기를 힘썼으며, 함께 기쁨을 나누며 순전하고 소박한 마음으로 함께 먹는 공동체였다. 우리가 모이는 소그룹이 이러한 모습들을 회복한다면 날마다 구원 받는 사람이 더하는 능력이 나타날 것이다. 사역자들은 이러한 비전을 가지고 소그룹을 인도해본다. 각각의 단계에 대한 설명은 아래와 같다.

가족처럼 매일 함께 보내는 시간이 많은 경우는 예외지만, 타인과 만나는 것을 편안하게 생각하는 사람은 드물다. 그래서 소그룹으로 모였을 때, 경직된 분위기와 서먹서먹한 관계를 빠른 시간 안에 전환시킬 필요가 있다. 이를 '얼음깨기'(Ice-Breaking)라고 하는데, 소그룹 리더가 함께 모인 이들을 준비한 활동이나 말로 분위기 전환을 꾀하는 것이다. 이러한 활동을 '환영하기'라고 한다. 모든 소그룹 모임은 리더가 잘 계획해야(design) 한다. 리더는 소그룹 모임에 앞서 기도로 준비하되, 모임에 참여하는 지체들이 안전하게 도착할 수 있도록, 모임에 참여하지 못하게 하는 모든 상황들을 막아주시고 기쁨과 감사한 마음으로 모일 수 있도록, 환영하기 시간을 통해서 서로의 마음을 열 수 있도록, 나눔 가운데 성령의 만져주심의 역사가 나타나도록, 리더인 자신이 성령의 인도하심에 민감함으로 모임을 잘 인도할 수 있도록 기도해야 한다. 일반적으로 모임에 도착하는 시간이 지체들마다 대동소이할 수 있다. 모임은 모두가 함께 모였을 때 시작하기 때문에 모두가 모이기까지 서로의 안부를 묻고, 미리 준비한 차(tea)를 나누며 담소를 나눌 수 있다. 그러다가 모두가 함께 모였을 때, 본격적으로 환영하는 시간을 갖는다.

'환영하기' 방법은 리더의 역량에 따라 다양하게 진행될 수 있다. 가장 일반적인 환영하기 기법은 '안부묻기'이다. 이를테면, 지난 한 주간 어떤 기쁜 일이 있었는지 묻는 것이다. 한 사람의 나눔이 너무 길어지게 되면, 나중에 나누어야 하는 지체가 지루해지거나 환영하기 시간이 계획한 시간보다 길어질 수 있다. 리더는 환영하기 시간의 목적이 경직된 분위기를 깨뜨리는 것이라는 사실을 놓치지 말아야 한다. 이 시간이 너무 길어지면 이후의 시간들에서 긴장감이나 효율성이 떨어질 수 있다. 단순히 말로만 환영하기 시간을 활용할 수 있는 것은 아니다. 간단하게 준비한 도구들을 이용해서 서로의 마음을 열도록 할 수 있다. 이를테면, 간단한 퀴즈를 준비한다. 예를 들어보겠다. "제가 간단한 퀴즈를 준비했는데, 한 번 맞춰보세요. 제가 감을 여섯 조각으로 깎아 놓았습니다. 그런데 제 아들 녀석이 글쎄 나 몰래 두 조각이나 먹어버린 거 있죠? 그럼 접시엔 몇 조각의 감이 남았을까요?" 하고 질문한다. 너무 쉬운 질문이라 웃기도 할 것이다. 그러면서 누군가 "그야, 여섯 조각에서 두 조각을 먹었으니 네 조각이 남았겠네요." 하며 한바탕 웃을 수도 있다. 그런데 "정답은 두 조각입니다. 먹는 게 남는 거라던데요?" 그렇게 한바탕 웃으며 경직된 분위기를 깨뜨릴 수 있다. 물론, 싱거운 질문과 답변일 수 있지만, 리더는 모임을 위해서 싱거운 질문이나 썰렁한 질문들이라도 환영하기의 목적인 경직된 분위기를 깨뜨리는 데 사용할 수 있는 질문이나 퀴즈 등을 평소에 잘 준비해 놓는 것이 좋겠다. 한 가지 덧붙이자면 안부를 묻거나, 퀴즈와 같은 환영하기 방법 외에 간단하게 활동할 수 있는 기법이 있다. 예를 들면, 귤을 하나씩 나눠주고 가장 먼저 까는 지체에게 큰 상을 준다. 큰 상으로는 모두가 손을 내밀어 박수쳐주는 '물개박수'로 충분하다. 여력이 된다면 간단한 생활용품(비누 한 개, 참치캔 하나, 치약 등)을 선물로 준비해두면 분위기가 더욱 좋아진다. 이와 같이 다양한 방법으로 한자리에 모인 지체들을 환영하고 마음을 열어 나눔을 할 수 있도록 분위기를 조성하는 것이 그 날의 모임에 성패를 좌우할 수 있다. 아래에 다양한 방법으로 환영하기 시간을 보낼 수 있는 예를 제시했다.

1) 안부로 환영하기

지난 주간 가장 기쁜 일이 있었다면 한 가지만 소개해 주시겠어요?

지난 주간 속상한 일이 있었다면 어떤 일이 있었나요?

지난 주간 만난 사람들 중에 가장 반가웠던 사람은 누구였나요?

지난 주간 가장 감동이 되었던 말은 어떤 말이었나요?

오늘 우리를 만나면 꼭 해주고 싶었던 말이 있었습니까?

혹시 지난 주 목사님 설교 중에서 기억에 남는 말이 있다면 무엇입니까?

2) 퀴즈로 환영하기

형을 정말 좋아하는 동생을 세 글자로 하면? 형광펜

"서울에는 산이 없대."를 다섯 글자로 줄이면? 서울산업대

이장님과 이장님을 합치면 뭐가 될까요? 사장님

가슴에 항상 흑심을 품고 있는 것은? 연필

진짜 새를 두 글자로 줄이면? 참새

과일 중에 가장 뜨거운 과일은? 천도복숭아

세상에서 가장 쉬운 숫자는? 190,000(십구만)

인천앞바다의 반대말은? 인천엄마다

달리기를 하고 있는데 2등을 따라잡았다면 몇 등일까요? 2등

3) 활동으로 환영하기

가위바위보로 리더를 이겨라

묵찌빠로 리더를 이겨라

끝 말 잇기 챔피언 뽑기(리더를 중심으로 시계방향으로 돌아가면서 진행)

젠가게임 챔피언 뽑기(젠가 게임 기구 협찬 받아 사용하기)

통아저씨 게임(게임기구를 협찬 받아 사용하기)

두 사람이 짝지어 각각 한손씩만 서서 귤까기 게임

평신도제자훈련교재
찬양으로 경배하기　　　　Worship

환영하기를 통해 경직된 분위기가 깨지고 서로 마음이 열린 상태가 되었다면 미리 준비한 악보를 자연스럽게 지체들에게 나누어 주면서 찬양으로 경배하기로 초청한다. 이때 처음 곡은 모두가 악보를 보지 않고, 그리고 눈을 감고도 부를 수 있는 쉬운 곡을 선택한다. 한 주간 생활해온 시간들을 돌아보며, 하나님께서 인

도해 주셨음에 대한 감사함과 잘 견디고 인내해 온 자신에 대한 대견함, 그리고 이 자리에 함께 모인 지체들을 향해 축복하면서 찬양한다. 모임의 분위기와 성령의 인도에 따라 여러 차례 반복해서 찬양하면서 가사의 의미를 생각하도록 한다. 이 찬양으로 경배하기의 시간이 성령께서 친히 이 자리에 오셔서 모인 이들로 하여금 그 마음을 만져주시고, 위로하시며, 인도하심의 능력이 나타나는 시간이 되기를 기대하는 마음으로 찬양한다. 그리고 찬양을 통해 우리의 찬양을 받으시기에 합당하신 하나님을 높여드릴 수 있어야 한다. 찬양을 선곡할 때는 지체들을 향한 곡들뿐만 아니라 교역자들의 도움을 받아 하나님의 권능과 역사하심, 그리고 인도하심에 대한 감사를 온전히 드릴 수 있는 곡들을 선곡해야 한다. 이 시간은 찬양으로 하나님을 경배하는 시간이기 때문이다. 그리고 찬양의 시간이 끝날 즈음 리더 혹은 약속된 대표기도자가 기도를 통해 한 주간을 지켜주신 하나님께 대한 감사, 찬양 속에서 우리의 연약한 심령을 만져주시고 위로하시는 하나님의 은혜에 대한 감사, 그리고 곧이어 진행될 말씀의 시간에 대한 기대와 소망을 올려드린다.

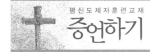

평신도 제자 훈련 교재
증언하기   Word

증언은 말씀을 나누는 시간이다. 증언의 방법은 리더(사역자, 지도자)나 강사가 일방적으로 선포할 수도 있고, 모임 가운데 있는 모든 지체들이 주어진 말씀에 대해 자신의 은혜를 나누는 방식이 될 수도 있다. 증언은 모임의 유형에 따라 그 방법이 달라질 수 있는데, 교육 및 회의나 안건처리를 위한 모임이라면 나눔보다는 한 사람이 선포하는 것이 효과적일 수 있지만, 구역모임과 같은 교제를 위한 모임이라면 나눔 방식의 증언이 효과적일 수 있다. 모임에 참여한 모든 지체들이 말씀을 통해 받은 은혜를 풍성하게 나눌 수 있도록 격려하고자 한다면 구역교재를 활용하는 교회에서는 선포와 나눔의 방식을 균형 있게 활용할 수 있도록 조정

할 수 있다. 이때 나눔의 말씀은 주일예배에서 선포되었던 말씀을 채택하여 사용하는 것이 도움이 될 수 있다.

본 과에서 제안하는 증언은 '나눔'을 위한 기술적인 방법에 초점을 맞춘다. 사역자들은 자신의 직위 및 직책에 따라 남·여 전도회(선교회) 모임, 다양한 위원회모임, 부서별 모임, 구역(순, 셀, 속회) 모임, 심방 등과 같은 여러 가지 소그룹 모임을 인도할 수 있다. 이때 담임목회자의 위임을 받아 증언의 시간을 인도할때의 방법을 구체적으로 살펴보자. 첫째로 모임에 지난 주일예배에서 선포된 목사님의 말씀을 듣지 못한 지체가 있을 수 있다. 그러므로 사역자는 지난 주일에 선포된 말씀을 본문과 함께 간략하게 요약해서 5분 이내로 전한다. 이때 경계해야 할 것은 자신이 받은 은혜를 나누지 말고, 성령의 열매인 절제를 통해 목사님의 말씀을 객관적으로 요약해서 전해야 한다는 점이다. 그래야 성령께서 그 말씀을 듣는 지체에게 역시 개인적인 은혜를 주실 것이기 때문이다. 그 후, 모든 지체들에게 2~3분 정도로 본문과 설교내용을 묵상할 수 있는 시간을 주면서, 어떤 부분에서 은혜가 되었는지, 어떤 신앙적인 도전을 받고 구체적으로 실천할 각오가 생겼는지 찾을 수 있도록 한다. 그리고 리더는 각자 받은 은혜를 돌아가면서 나눌 수 있도록 하되, 한 사람에게 너무 많은 시간이 배정되지 않도록 지혜롭게 운영해야 한다. 이때 리더와 모든 지체들은 경청의 태도를 보이는 것이 중요하다. 상대가 말을 할 때 그 말에 끼어들어 자기 얘기를 첨가하거나 부정적인 반응을 보이기보다 긍정적인 태도와 자세로 반응하는 것이 나눔을 위한 에티켓이라는 사실을 잊지 말아야 한다.

이 시간은 서로가 서로를 위해 중보 기도하는 시간이다. 환영하기와 찬양으로 경배하기 시간 속에서 특별히 중보해야 할 대상자가 있었다거나, 증언시간에 지체들이 중보기도를 요청했다면 이 시간에 그를 위해 기도한다. 물론 리더의 순발력과 적극적인 태도에 따라 모든 순간 속에서 기도할 수 있다. 모임에서 드리는 풍성한 기도는 기도가 약해지고 있는 교회와 모든 공동체 속에서 가장 필요한 영적 호흡이요 양식이다. 또한 돌아가면서 자신들의 기도제목을 내어놓는 시간을 가진다. 개인적인 제목, 가족을 위한 제목, 특별히 개인적으로 전도대상자를 놓고 기도하는 이가 있다면 그 사역을 위해서, 오늘 나눈 말씀 속에서 한 주간 구체적으로 신앙적인 도전을 잘 실천할 수 있도록 서로를 위해 기도하는 시간을 갖는다. 방법은 자신의 왼편에 앉은 사람을 우선으로 하여 시계방향으로 돌면서 모든 지체들의 기도제목을 가지고 기도한 후 제일 마지막으로 자신의 기도제목을 위해 기도한다. 지체를 위한 사역 중 가장 강력한 사역은 역시 '기도'이다. 그리고 모임 속에서 그 기도의 제목들에 대한 응답을 간증하고, 하나님께 감사와 영광을 올려드리는 일 또한 사역이다. 이 일이 풍성하게 될 때, 공동체가 살아나고, 이 공동체 속으로 새로운 지체를 초청함으로 성장하고 또 새로운 공동체를 잉태하고 낳게 되는 일들이 일어나는 것이다.

날마다 마음을 같이하여 성전에 모이기를 힘쓰고 집에서 떡을 떼며 기쁨과
순전한 마음으로 음식을 먹고 (행 2:46)

다함께 드리는 기도

1. 오늘 배운 말씀과 내용을 생각하며 다함께 기도하는 시간을 갖도록 합시다.
2. 오늘 참석한 구성원들을 위해서 이름을 불러 가며 중보의 기도를 합시다.
3. 오늘 참석하지 못한 구성원이 있으면 그 사람을 위해 더욱 뜨거운 마음으로 기도합시다.
4. 한 주간의 삶을 통해서 오늘 배우고 익힌 내용들을 삶으로 살아갈 수 있도록 기도합시다.
5. 하나님의 은혜 가운데서 한 주를 살고, 다음 모임 시간에 모두가 모일 수 있도록 기도합시다.

*사역자로서 이 과를 마치고 난 느낌이나 소감, 다짐 등을 간단하게
말해 봅시다.

다음 모임을 위하여

수고하셨습니다.
이것으로 평신도 제자화 교육과정 4단계 '제자훈련과정 교회를 세우는 사
역'의 모든 내용을 마치셨습니다.

평가하기

평가항목	세부사항	그렇다	그저 그렇다	아니다
인도자의 준비도	인도자는 본 과의 교육목적을 이룰 수 있도록 충분하게 준비했습니까?			
교육목표의 성취도	1. 학습자들은 자신의 잘못된 선입견과 고정관념을 버리고 순수한 마음으로 주님을 만날 준비가 되었습니까? 2. 학습자들이 예수에 대하여 지식적으로 아는(know) 단계에서 체험적으로 아는(see) 단계로 발전하고자 결단하게 되었습니까?			
학습자의 참여도	학습자들이 진지하고 적극적인 태도로 성경공부에 임했습니까?			
성경공부의 분위기	성경공부를 하는 동안 학습자들이 편안한 분위기를 느낄 수 있었습니까?			
기타 보완할 점	기타 보완할 점이나 건의사항이 있습니까?			

성경 읽기표

읽을 범위		월 일 주일	월 일 월요일	월 일 화요일	월 일 수요일	월 일 목요일	월 일 금요일	월 일 토요일
	구약	주일은 설교말씀 묵상	창 34~36장	창 37~39장	창 40~42장	창 43~45장	창 46~48장	창 49~50장
	신약		고후 7~9장	고후 10~13장	갈 1~3장	갈 4~6장	엡 1~3장	엡 4~6장
확인								

MEMO